メンタルトレーニングで
受験に克《か》つ

緊張に克つ
不安に克つ
ストレスに克つ

加藤史子［著］

mental training

図書文化

はじめに

この本は、受験を成功させるために必要な「心のスキル」を身につける方法を紹介した本です。

進学のための受験だけでなく、就職試験や資格取得試験など、受験は「なりたい自分」に近づくための重要なプロセスです。受験では精神面での強さが必要になります。しかし、受験が近づくと、不安を感じる人がたくさんいます。試験会場で緊張してしまい、頭が真っ白になって実力を発揮できない人もいます。人生のあらゆる局面で、強くなりたいと願いながら負けてしまうことも少なくありません。これらの大切なチャンスの場面で、どのようにすれば精神的に強くなることができるのか、その具体的な方法を記しました。

「心のスキル」は、受験だけでなく人生のあらゆる局面で役に立ちます。自分に負けないで人生に成功して生きていくためには、ちょっとしたコツである「心のスキル」が必要だからです。この本で紹介するメンタルトレーニングは、その「心のスキル」を身につけるためのプログラムです。受験というチャレンジを成功させるためにも、自分の望む未来を手に入れるためにも活用してください。いろいろな場面できっとあなたを助けてくれます。

すぐにでも役立てられるように、わかりやすく工夫しました。本を見ただけで、どうすれば自分の心を強くできるのかわかると思います。

メンタルトレーニングを通して受験を成功させ、人生をも成功させる力を手に入れてください。

加藤史子

メンタルトレーニングで受験に克《か》つ　目次

ちょっと一息

巻末付録

第1章 メンタルトレーニングで受験に克《か》つ！

メンタルトレーニングとは何でしょうか。そして、何にどのように役立つものでしょうか。

ここでは、メンタルトレーニングが、受験にどのように役立つのか、その全体像と効果を説明します。

成功のかぎは、心を強く鍛えること

受験は心を鍛《きた》えるチャンス

受験は多くの人にとって、つらく、きびしい、できれば避《さ》けて通りたい難関だと思います。けれど、考え方によっては、受験は「今後の人生で起こりうる問題やストレスにどう向き合って乗り越《こ》えていくのか」を、学ぶチャンスだとも考えられます。このチャンスに、問題を自分の力で乗り越える力やストレスをコントロールする力を育ててほしいと思い、この本を書きました。

大切なのは、自分自身で心をコントロールする力を身につけることです。そのための方法として、この本では、メンタルトレーニングを紹介《しょうかい》します。

メンタルトレーニングとは？

心は強くなるのだろうかと疑問に思う人もいると思います。心を鍛えた経験を思い返してもピンとこない人も多いでしょう。「がんばりなさい」とか「仲よくしなさい」という言葉はかけられていても、心を鍛えて強くなったという経験はほとんどないのではないでしょうか。いままでは、心は自然に育つと考えてきたのがふつうだったようです。しかし、心が自然に成長すればいいのですが、大人になっても目に見えない自分の心とうまくつき合うのは、意外とむずかしいものです。

イライラしてだれかに八つ当たりしたくなったり、心が重く元気になれなかったり、やらなくてはいけないことはわかっているのにやる気になれなかったり、感情に振《ふ》り回されてしまったりすることはだれにでもあると思います。自分の心なのに、頭ではわかっていても心がついていかないこともあります。

私も自分の心を自分で思うようにコントロールできればいいと思っていましたが、だれもその方法を教えてくれませんでした。また、自分の心について学ぶ機会もなかったので、心をコントロールできない自分は「弱くてダメな自分」だと思っていました。

そこで、心をセルフコントロールする方法を自分のために研究しました。研究してはじめてわかる大切なことがたくさんありました。学ぶにつれて、どうしていままであんなに苦しんでいたのかと思うくらい、心をコントロールできるようになってきました。そして、この心を自分でコントロールできる「メンタルスキル」とそのトレーニング方法を多くの人に伝えたくなったのです。

ここで紹介するメンタルトレーニングは、受験を成功させるだけでなく日常のあらゆる場面で活用できます。だれもが明るい未来を望んでいて、幸せになりたいと願っていると思います。その願いを実現するには、具体的にどうしたらいいのかという方法をメンタルトレーニングとしてプログラムしたものです。いつでもだれでも簡単に活用できるようになっています。受験のためだけでなく、心がくじけそうになったときはいつでも活用して、自分の幸せを手にしてください。

受験にも心のトレーニングが必要!

ところで、なぜ受験に「心」が大切だと思いますか。ふだんは心のことをあまり考えないで、受験勉強に取り組んでいると思いますが、心が強くなれば、集中して勉強にも身が入り、短時間でも成果を上げることができるのです。また、受験で緊張《きんちょう》してしまったり、試験でわからない問題にあたったりしたときも、冷静に対処して実力が発揮できるようになります。

では、どうやったら心を強くできるのでしょうか。心を鍛えるには、ただ我慢《がまん》したり、ただがんばりつづけたりするだけでいいというわけではありません。心を鍛えるにも方法があるのです。がんばって勉強をして知識を身につけたり、体を鍛えて体力をつけたりするのと同じように、心も鍛えて成長させることができます。

心の状態は毎日違《ちが》います。自分で意識するだけで強くも弱くもなるのです。どうすれば心を強くできるのか、心の仕組みを知って理解し、いつでも必要なときに心を強く保つ方法を身につければ、試験でも実力を発揮できる自分になり、受験勉強でも弱い心に負けずにがんばれるようになります。二章から五章で紹介するプログラムの必要な部分を活用して、自分で自分の心をコントロールできるようになっていってください。

メンタルトレーニングの七つの効果

心を強くすると、どんないいことがあるのでしょう。

一．大切な場面で、緊張《きんちょう》せずに実力を発揮できるようになる。

緊張する場面でも、それをコントロールできるようになります。人前で話すときも、緊張せずに自分の意見が言え、ピンチやチャンスでも、実力を発揮できます。受験は緊張がつきものですが、本番でも緊張しすぎず、実力を発揮できるようになるのです。

二．やる気を持続できるようになる。

どんなことをやるときも、やる気をもって取り組むのとそうでないのでは、結果が大きく異なってきます。長い時間勉強するときに、どれだけやる気を持続し、勉強の効率を上げられるかが重要なかぎとなります。やる気をコントロールできると、有利な状態をつくれます。

三．自分に自信がもてるようになる。

なかなか自信がもてず、「自分には無理だ」とあきらめてしまいそうになるときがあります。自信をもつためには、ただがんばればいいというだけではありません。納得《なっとく》できる自分の強みを増やすことが、自信につながります。これが、受験の成功に大切な役目を果たします。

四．時間の使い方が変わる。

数々の誘惑《ゆうわく》に負け、なかなか勉強に打ち込《こ》めなかったり、悩《なや》みを抱《かか》えて勉強に集中できなかったりすることも多いものです。メンタルトレーニングを活用すれば、誘惑に負けない力を身につけたり、悩みを解決する力を身につけたりでき、自分の意思で時間を活用できるようになります。勉強に集中したい受験生にとっては、重要なポイントといえるでしょう。

五、将来に対する希望のもち方が変わる。

「この取り組み方をすれば自分も将来も大丈夫だろう！」と、自分の将来について自信がもてるようになります。未来をつくっていくのは自分のイメージであり将来像ですので、将来への希望のもち方が変わることは、明るい将来を勝ち取ることでもあります。将来が明るくなってこそ、受験を乗り越《こ》える力となるのです。

六、さまざまな問題に対して、乗り越える展望をもつことができる。

受験だけでなく、今後、何かが起きても、自分は大丈夫《だいじょうぶ》だろうという気持ちになり、不安でいっぱいになったりせず心を元気に保つことができるようになります。

七、誘惑に負けたり、ちょっとしたルール違反《いはん》をしたりしてしまう行動が改善される。

とくに問題とされる行動をしていない人も、予防の意味で役立ちます。問題とされる行動は、心に振《ふ》り回されている状態です。人に言われてやめるのではなく、自分の心の力で改善できるようになります。

心を強くして幸せをつかむ

このメンタルトレーニングを体験した人から、「大切なことを教えてもらえて、本当にありがたい」「いままで生きてきたなかで学んだこと全部に匹敵《ひってき》するくらい大切なことを教えてもらうことができた」という感想をたくさんもらいました。多くの人が、自分の心を強くしたり、自分の意志でコントロールできたりする自分になりたいと考えているのです。

「授業中暴れていたが、落ち着けるようになった」「けんかやいじめをしようとすると、『それをするとヤバイ、やめとけ』という声が聞こえるようになった」「目標の達成を考えて行動するのが面白《おもしろ》くなって、いじめをする必要がなくなった」「信頼《しんらい》される自分になりたいから、服装の乱れを直した」など、多くの人が心をセルフコントロールできるようになったと言ってくれました。

心を育て、「なりたい自分」を見つけ、エネルギーを生産的な方向に導くことは、自分の深いところにある願いを満たすことにつながります。心が強くなることは、だれもが求めている、自分の幸せをつかむ能力を手に入れることにもつながっているのです。

いつでも、どこでも、だれでもできる

メンタルトレーニングというと「興味はあるけどむずかしそう」というイメージがあるようです。心のトレーニングなんて、やったことがないので不安になる人もいるでしょう。今回紹介《しょうかい》するプログラムは、とても簡単で、小学校高学年くらいから大人まで、だれでもできます。

頭で理解するだけでなく、自分の体を使って確かめ、心で感じ、自分で答えを選ぶトレーニングなので、自分が求めていた答えをみつけることができます。この本のプログラムを使って、自分の心と向き合い、心を整理しながら、納得《なっとく》のいく答えをみつけてください。

また、落ち着いて実力を発揮するプログラムなどは、受験会場でも、試験中でも頭と心の中でできます。心と体はつながっているので、心の切りかえ一つで、体をベストの状態に切りかえることができます。心の状態を整えて受験を成功させてほしいと思います。

ちょっと一息

▼リズムとイメージで暗記力アップ

受験では覚えなければいけないことが山ほどあって、覚えられるか不安になるものです。ここでは、考え方を切りかえて、歌やラップのメロディに組み合わせたり、ストーリーやイメージと組み合わせたりして、体に覚えさせる方法を紹介します。

①どの部分を暗記したいのか、範囲と流れを決めます。はじめは、範囲を広げすぎないほうがいいでしょう。

②暗記したい言葉を、好きなメロディに当てはめます。長い単語は、わかる程度に省略したりしながら、メロディに合わせてごろ合わせをしていきましょう。一フレーズずつ、覚えたら次に進みます。

③歌ができたら、メロディに合わせて繰り返し声に出して歌います。覚えるまで、繰り返し歌います。

④覚えたらやめて、ふと思い出したときに覚えているかを確認しながら歌ってみましょう。

暗記が苦手な人でも楽しくできます。同じ曲でいろいろな分野を覚えようとしたり、欲張って一度に何曲も覚えようとしないで、定着してから次に進んだり、メロディを変えたりして楽しむことをおすすめします。

イラスト：ムライタケシ

第2章 本番で実力を100%発揮するメントレ

ふだんは大丈夫《だいじょうぶ》なのに、本番になると急にドキドキしてしまったり、集中できなかったりして、実力が発揮できなかったということはありませんか？

この章では、本番で緊張《きんちょう》に負けず実力を発揮できるようになるメントレを紹介《しょうかい》します。

あなたの悩みはどれかな？

P.16へ

本番で緊張して、
実力が出せない

P.19へ

緊張したり、
あれこれ気をとられたり
して集中できない

P.24へ

勉強していても、どんどん不安になってくる

緊張《きんちょう》がみるみる静まる呼吸法

緊張して鉛筆《えんぴつ》がうまく握《にぎ》れなかったり、手が震《ふる》えたり、頭の中が真っ白になったり、ひどくなると気分が悪くなってしまったりすることもあります。緊張をコントロールする方法はいくつかあります。ここでは、どんな人でもどこでも簡単に緊張をコントロールできる「呼吸法」を紹介《しょうかい》しましょう。

心は呼吸とつながっている

ふだんはあまり呼吸を意識することはありませんが、実は、呼吸は心と密接につながっています。

例えば、呼吸を深くゆっくりにして、体をリラックスさせると、同時に心を緊張させることはできません。逆に、呼吸を浅く速くしながらリラックスすることもむずかしいのです。

ですから、緊張して浅く速くなった呼吸を、深呼吸してゆっくりさせると、緊張を和《やわ》らげ、落ち着いた心と体を手に入れることができます。呼吸で緊張をセルフコントロールすることができるのです。

呼吸法で心を安定させる

日ごろから呼吸法を繰《く》り返し行うと、感情が安定する効果もあります。呼吸法を本番で使うことができるように、日ごろから緊張したら、深くゆっくりと呼吸をする練習をしておくと、ここぞというときに、呼吸を使ってうまく心をコントロールできるようになります。

試験だけでなく、日常の緊張するさまざまな場面や感情的になるようなストレス場面でも同じように使えるので、ぜひ繰り返し試《ため》してみてください。

メントレで
克っ!
緊張している
どうしよう
イライラする
ドキ
ドキ
TEST
呼吸を深くゆっくり繰り返す
おなかをふくらませながら深くゆっくり鼻から吸う
ス～
「ハー」の口の形で息を吐く
ハ～
よ～し
やるぞ!
落ち着いた!
これで大丈夫

呼吸で心をセルフコントロールする

呼吸法でリラックスしよう

①
いまの自分の呼吸を意識してみましょう。
深さは?
速さは?
スー
スー
②
次の場面を想像してください。呼吸はどうなっていますか?
緊張しているとき
問題がとけない!
速さは?深さは?
リラックスしているとき
速さは?深さは?
③
緊張した場面を想像しながら深くゆっくりと呼吸してみてください。
それはできない…
④
呼吸と心はつながっているから呼吸で緊張をコントロールできるよ
試験で緊張したとき大きくゆっくり呼吸すると緊張がとけて集中できるよ!やってみよう!

ベストを引き出すセンタリング

正解がわかっていたはずなのに、何だかどんどん不安になってきて、ほかの問題までできなくなってしまうことがあります。このような状態で、ベストの力を発揮するのはむずかしいでしょう。しかし、緊張《きんちょう》しても意識一つで実力を発揮できる状態に切りかえる方法をマスターしていれば、大切な試験でも実力を発揮できるようになります。

ここでは、緊張していても意識一つでベストを尽くせる体の状態をつくる「センタリング」という方法を紹介《しょうかい》します。これは気功法でいう臍下丹田《せいかたんでん》に意識を集中する方法です。

集中を妨《さまた》げるものは

集中できなくなる理由は、不安と後悔《こうかい》です。「できなかったらどうしよう」という不安と、「しまった、ミスした」という後悔がマイナスの思考を生み出して集中を妨げるのです。その状態を打破するために役立つのがセンタリングです。センタリングで心のスイッチを切りかえましょう。センタリングを意識して使えるようになると、緊張を抑《おさ》えることができ、何か突発《とっぱつ》的な問題が起こっても動揺《どうよう》しないようになります。

センタリングを試験に生かす

センタリングを身につけると、緊張しても気持ちを切りかえることができるようになるので、「緊張しても大丈夫《だいじょうぶ》！」と思えるようになり、どんなときでも結果を残せるようになります。この変化の積み重ねが自分への自信につながり、落ち着いて試験に臨《のぞ》めるようになっていきます。

試験で緊張してしまっても、センタリングを使えば、目の前の問題に集中できる体の状態をすぐにつくることができます。そうすると、試験でも動揺しなくなり、直感力や判断力が働きやすくなります。

センタリングをマスターすると、試験だけでなく、あらゆる場面で実力を発揮できるようになります。

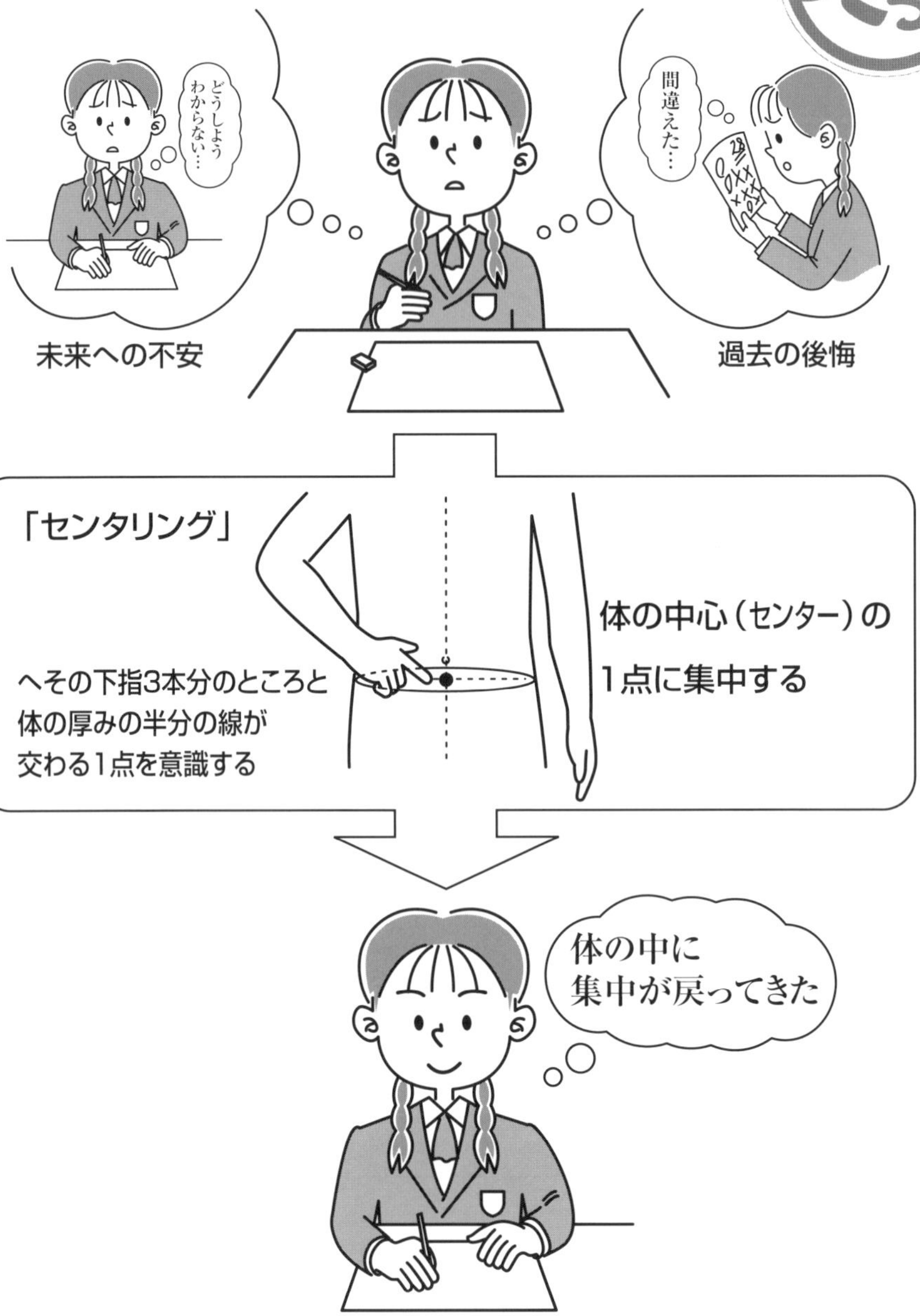
どうしよう
わからない…
未来への不安
間違えた…
過去の後悔
「センタリング」
へその下指3本分のところと
体の厚みの半分の線が
交わる1点を意識する
体の中心（センター）の
1点に集中する
体の中に
集中が戻ってきた

体の中心を意識することで、“いま、ここ”に集中できる

センタリングの力を感じよう

①
肩はばに足を開いて立ち、もう一人は軽く肩を押します。
体はどうぶれるかな?
②
センタリングをして、もう一度肩を押します。
この一点に集中
③
一人でやるときは、自分の手で肩を押して、体のぶれを確かめます。
④
試験中に緊張したりあせってきたとき
センタリングを使えばいつでもベストの状態を取り戻せるよ

気持ちを切りかえる指サイン

試験に集中したいと思っても、焦《あせ》ってしまったり、朝、親にしかられて腹が立ったことなどが思いうかび、いやなイメージが頭から離《はな》れないこともあるかと思います。そんなときに、テレビのチャンネルのように心のチャンネルもスイッチ一つで切りかえられたら、試験中でも勉強中でも役に立つと思いませんか。

ここでは、心のチャンネルを切りかえる方法を紹介しましょう。

心にチャンネルをつくる

心のチャンネルなんて聞いたこともない言葉だと思います。心のチャンネルというのは、心をいろいろな状態に切りかえることなのです。つらいときもあるし、うれしいときもある。悲しいときもあるし、ただぼーっとしているときもある。どんな人にもいろいろな状態があります。これらの状態を一つ一つのチャンネルに見立てて、どのチャンネルにいても、自分の決めた指サインで、よい状態のチャンネルに切りかえられるようにするのです。

心の切りかえで集中する

心の状態を自由に切りかえる練習をすることで、つらかったりいやな気持ちになったりしたときにも、素早くよい状態に切りかえていくことができるようになります。

特に受験では、素早い気持ちの切りかえが必要なときもあります。なるべくベストコンディションを保てるように、心のチャンネルを切りかえる練習をしましょう。この方法をマスターすれば、集中がとぎれてきても、素早くベストコンディションに切りかえることができます。

指サインをマスターしよう

①
いままで生きてきた中で、一番誇らしかったことや一番成功したことを思い出してみましょう。（自分の尊敬している人になりきって考えてみるのもよいです）
51
②
試験などで緊張してしまうことや、いやなイメージを具体的に想像してみましょう。
?
③
よい心の状態にぴったりの指サインを決めてください。そして、そのサインをしたらその気持ちに切りかえる練習をします。

最初はできなくても大丈夫！
④
だんだん切りかえられるようになるよ！練習してみよう
試験とかで緊張したら指サインで心を切りかえるんだ！

第2章 04

不安を吹き飛ばすプラスの言葉

「試験で緊張《きんちょう》して実力が出せない」と不安を感じている人は、九割近くに上るようです。受験で成功するには、緊張を左右する「心の声」をプラスに切りかえることが大切です。

プラスの言葉が心を強くする

ふだんは意識していないと思いますが、心の中には声になっていない言葉があります。不安になったり、心が弱まっているときは、「失敗したらどうしよう」とか、「できるかな」などというように、心の中の言葉がマイナスに傾《かたむ》いています。このマイナスの声が、不安や緊張の元になるのです。

はじめは、自分の心の声に気がつくことが大切です。どんな弱々しいマイナスの声でも受け止めてください。そしてその声に気がついたら、その言葉をプラスに変えてみましょう。例えば「どうしよう、失敗したら」というマイナスの言葉だったら、「大《だい》丈夫《じょうぶ》、落ち着けばいいんだ」と、プラスの言葉に変えます。

例	
マイナス	どうしよう…、失敗したら…
	⇩
プラス	落ち着いてやれば、大丈夫！

プラスの言葉は、決まったものはなく、何通りもあります。プラスの言葉をたくさんためておくと、弱くなった心も、すぐに切りかえられるようになります。プラスの言葉が見つからないときには、「大丈夫！」と言ってみましょう。どんなときでも心を強くしてくれます。

プラスの言葉を生かす

プラスの言葉の中から自分にとって一番力がわいてくる言葉を選んでおくとよいでしょう。また、本番でマイナスの言葉が出てきたときにも、すぐにプラスに変換《へんかん》させ、不安を取り除くことができます。

どうしよう…	大丈夫!
失敗するかも…	自分ならできる!
無理そう…	落ち着いていこう!
やっぱりダメだ…	成功するぞ!
どうせ自分なんて…	やればできる!

マイナスの言葉	プラスの言葉
パワーが半減し、力が発揮できない	最大限のパワーを発揮できる

言葉がパワーを左右する

言葉で感じるパワーの変化

①
腕を押してもらい、どのくらい力が入っているか確かめましょう。
手を握って力を入れたとき
指先を伸ばし、指の先から光線が出ているところをイメージしたとき
②
指先から光線が出ているとイメージしたまま、次の言葉を思いうかべてください。どちらのほうが手に力が入っていますか？
絶対できる！合格できるぞ！
⊕
落ちたらどうしよう…大丈夫かな
⊖
③
と ⊕ のほうが力が入ってたよ
うん、自分でもそう思った
④
受験本番では、こうやってプラスにします。
むずかしい…できないかも ⊖
マイナスからプラスに切りかえる
たくさん勉強したし絶対合格するぞ！ ⊕

第3章 勉強がメキメキはかどるメントレ

勉強しなければいけないのはわかっているけれど、どうにもやる気が出てこない。目標がうまく見つからず、やる気がわいてこない、ということはありませんか？

この章では、やる気がわいてきて目標がみつかるメントレを紹介《しょうかい》します。

あなたの悩みはどれかな？

目標が見つからず、やる気が出ない
P.28へ

目標はあるけど、何をしたらいいかわからない
P.39へ

どうやったら、目標に向けてうまく進めていけるかわからない
P.42へ

スランプやつまずいたりして、どうしていいかわからない
P.54へ

気持ちが変われば効果が上がる

「やらなくてはいけないのに、やりたくない」とか「何か体が重くて勉強が憂《ゆう》うつ」といった体験はないでしょうか。ここで紹介《しょうかい》するメントレは、気持ちを意識的に切りかえながら、やる気をコントロールする方法です。言葉だけで理解するのではなく、体で感じながら理解するのが特徴《とくちょう》です。この違《ちが》いを自覚するだけでも、勉強に対する心構えが、大きく変わっていきます。

こんなにも違う二つの気持ち

日々の勉強を「勉強したい」と思って取り組めればいいのですが、気がつかないうちに、「勉強しなくてはいけないから勉強しよう」という気持ちにすりかわってしまうことがよくあります。

ふだんはそんな内面のことまで意識しないで勉強に取り組んでいると思いますが、この二つの気持ちの違いは、学習の質や効果に大きな影響《えいきょう》を及《およ》ぼしています。

あらゆる場面で活用できる

生きていく中では、したくないのにやらなければならないことはたくさんあります。それらを、いつも「いやだな」と思って取り組んでいると、つまらない時間が長い人生になってしまいます。しかし、気持ちを変えて積極的に取り組むことができれば、楽しい時間が増えていきます。ですから、日常のあらゆる場面で気持ちを切りかえて、実りある時間を増やしてください。

ハードな勉強や苦手なものに取り組むときは、「やらなければいけないからやる」という気持ちが芽生えてしまうものです。そのときは気持ちを意識的に切りかえるのが効果的です。自分がやりたくないのに、「やらなければいけないから取り組んでいる」と感じるときは、「自分の目標を達成するために、自分はこの勉強がしたいんだ！」と意識して心の声を切りかえてみましょう。そうすることで学習の質を高め、効果を上げていくことができます。

人に言われたり
本心からやりたいと
思っていないとき

自分がやりたいと
思ったとき

成果はあがらず
勉強する気になれない

進んで勉強するので
成果が早く現れる

気持ちを切りかえるスキルを身につけよう

気持ちによる違いを確かめよう

①
「振りたくないけど振らなくてはならない」と思いながら手を振ってください。もう一人はその手を持ってどんな様子か確かめます。
振りたくないけど…
②
今度は「振りたくて振りたくてたまらない」という気持ちで手を振ってみてください。
振りたい!
③
リズムや動き、表情はどう違うでしょうか。
「振りたくない」ほうは振りも小さく表情もいやそうだったよ
「振りたい」と思ったら元気よく振れたよ
④
自分はこの勉強がしたいんだ!と切りかえればいいんだね
受験勉強も気持ちの切りかえ一つでずいぶん変わるよ

ちょっと一息

座り方でも気持ちが変わる

勉強するときは、どんな座り方をしますか。背中を丸めたり、上半身がななめにかたむいていたり、足を組んだりいろいろだと思いますが、座り方は勉強の効率や知識の理解、感情にも影響を与えています。座り方が及ぼす影響を体験してみましょう。

①みぞおちの辺りを引いて、背中を丸めて座り、あごを少し突き出してみてください。その体勢を維持したまま、大きく息を吸い込んでみましょう。どのくらい吸い込めたでしょうか。その体勢で、うれしかったことを思い出してみましょう。

②次は、胸をはってみてください。大きく息を吸い込んでみましょう。どのくらい吸い込めたでしょうか。その体勢で、困ったことを思い出してみましょう。

※姿勢と感情のつながりを発見できたでしょうか。背中を丸めてうれしいことや、胸をはって困ったことはイメージしにくいと思います。また、背中を丸めても、胸をはっても大きく呼吸をするのはむずかしいのです。

③今度は、背骨がまっすぐになるように椅子の座面を確かめ、お尻の位置を決めてください。どの位置でどうお尻を置くといいか、ポイントを探します。いい位置が見つかったら、まっすぐに座り、上体の力を抜いてみましょう。この座り方だと、余計な力が入らず、負担も少ないため、長く座っても疲れません。また、心が柔軟になって新しい価値を受け入れやすくなり、効率的に学習することができます。

イラスト：ムライタケシ

ハードルをらくらく越《こ》える目標力

目標はもったほうがいいことはわかっていても、目標をもつことがどれだけ自分にとってメリットがあることなのかを理解している人は少ないようです。ここでは、メントレ体験で、目標をもったときともたないときの違いを感じてみてください。すると、目標をもつことがどれだけ自分をパワーアップしてくれるのかを自分の体で感じることができるでしょう。

目標をもつということ

外から与えられた目標は、本当の意味で自分の目標には、なかなかならないものです。

いっぽう自分の内面から、求めている何かに気がついて、本当に手に入れたい目標をみつけたとき、自分のエネルギーが爆発《ばくはつ》的にパワーアップします。目標への道程《みちのり》で何か障害が生じても、それを障害だと感じないくらいのパワーをもって、前に突《つ》き進むことができます。それに比べ、本当の意味での自分の目標がみえていない場合には、少しの障害でも大きく感じられて、立ち止まってしまうことが多いのです。

なぜ目標をもつことが大切なのか

この「目標をもつ強さを実感する」メントレをしてみると、自分の周りに起こる問題が障害なのではなく、自分の目標が明確になっているかどうかで、障害の感じ方が変わることに驚きます。

目標をもつかもたないか、ということが、自分のストレスをも左右していることに気がつくと、自分のために目標をみつけたくなります。簡単な体験なのに、目標をもって進むことが、こんなにウキウキしたうれしいことなのかということを感じられるだけでも、得した気分になります。

なぜ、目標をもつことが大切なのか、目標をもつことはどんなメリットがあるのかを体で感じてみてください。

目標の力を感じよう

①
ただ何となく歩いてみます。もう一人は途中でそれを手で妨害します。
…
②
今度は、歩く先に「輝かしい希望」があるとイメージして歩きます。
希望
③
◎やり方は…
5mくらいまっすぐ歩けるところでやってね！
5m
近付いてきたら歩いていく方を邪魔するように手を出してみて
④
目標があると、妨害も気にならなかったよ
受験でも目標が明確になっていると障害も気にならないね

ちょっと一息

歩き方に着目してみよう

あなたはふだんどんな歩き方をしていますか。テンポやリズム、歩幅、姿勢はどうですか。歩き方と心の状態は連動しています。歩き方を変えるだけで、心の状態も変化します。

歩き方が自分の心にどのように影響を及ぼしているのか、心の状態の変化を体験してみましょう。

①うつむいて、歩幅は小さくゆっくり歩いてみます。そのときの気持ちはどんな感じでしょうか。

②次は、背筋を伸ばして、歩幅を大きくテンポよくさっそうと歩いてみます。先ほどと比べ、気持ちはどのような変化があるでしょうか。

※歩き方と心の状態はつながっているので、悩んだり考えが煮詰まったりしたときは、さっそうと歩きながら考え事をすると前に進むといわれています。

私も、悩んだり落ち込んだりしていると、うつむいて歩幅も小さく、ゆっくりした歩き方になっています。そんなときは、意識して背筋を伸ばし、さっそうと歩いてみます。すると、不思議なことに、元気が出てきて、前に進むパワーがわいてくるのです。

受験に悩みはつきものです。悩んだときは歩き方を変えてみましょう。前に進む元気がわいてきます。

イラスト：ムライタケシ

目標をみつける魔法《まほう》の質問

「がんばるにはどうしたらよいか」「自信をもつにはどうしたらよいか」と悩《なや》むことはありませんか？　そんなときは、ここで紹介《しょうかい》するメントレ「魔法の質問」に答えて、紙に書いてみましょう。悩み解決のヒントがみつかります。

質問の答えを自分の内なる声に耳を傾《かたむ》けながらみつけます。一つの質問に三～五分くらい取ります。答えが出てこなくても、じっくりと自分に問いかけて何かが出てくるのを待つ時間にしてください。

魔法の質問一　いまの自分はどんな自分？

前に進むためには、自分の現在地点を確認することが必要です。ここでいう現在地点とは、自分自身をどのようにとらえているかという心の現在地点のことです。よいところも悪いところも含《ふく》めて受け入れてはじめて、前に進むことができます。

いまの自分の現在地点を確認します。自分の学力面、精神面、体力面の弱さと強さをどう認識しているか、書き出してみましょう。

魔法の質問二　自分のよいところは？

自信は自らつくるものです。質問の答えが自分の自信へとつながります。この質問をすると、なかなか書けずに困ってしまう人がいます。人と比べて劣っているとか、人に認められないと自分のよさだとは思えないと考えているようです。また、自分でよいと思ってしまったら、それ以上伸びないのではないかという不安もあるようです。しかし、「自分は、～だから大丈夫！」と、自信をもって強気で受験に臨《のぞ》むためには、自分のよいところをどれだけ自分で認めているかということがとても重要です。いまはよいと思うところが少なくても、これからの自分のために自分のよいところをたくさん増やしてください。

自分の強みをみつけます。学力面、精神面、体力面の自分のよいところを、書き出してみましょう。

魔法の質問三　自分の改善したいところは？

自分の足りない部分は気づきやすいのか、改善したいことはたくさん思いつくようです。自覚している弱みは、放っておくと不安の材料になってしまいます。受験に強気で臨みたいのに、「〜だからどうしよう…」というマイナスの言葉になって、ますます自分のパワーを弱めてしまいます。弱みを克服《こくふく》して、自分の強みに変えていってください。

自分の弱みを認め、克服します。弱みを克服するために、学力面、精神面、体力面で何が弱みかを書き出してみましょう。

魔法の質問四　何でもかなうとしたらどんな人になりたい？

大切なのは「あきらめない！」ということです。多くの人は気がつかないうちに自分の可能性に限界の壁《かべ》をつくってしまい、「そうはなれないんじゃないか」とあきらめてしまっています。一度そのあきらめの壁をなくして、本当に求めている「なりたい自分」を思い描《えが》いてみます。ここで、あこがれている人などをイメージしてみると、自分が本当に求めている能力などが具体的になります。

自分の本当に求めている「なりたい自分」をイメージします。あらためてどんな自分になりたいのかを考え、書き出してみましょう。

魔法の質問五　本当に手に入れたいものは？

本当に欲しい何かを具体的にみつけることができたら、それはきっと手に入れることができるでしょう。

本当に手に入れたいものは何ですか。心の奥にある願いをよく考え、書き出してみましょう。

この魔法の質問を通して、自分が本当に求めている目標が浮《う》かび上がってきます。自分が書いた内容を眺《なが》めながら、いろいろ感じてください。自分でも気がつかないでいた自分が見えてきます。そして、求めていたものが少し見えてきます。

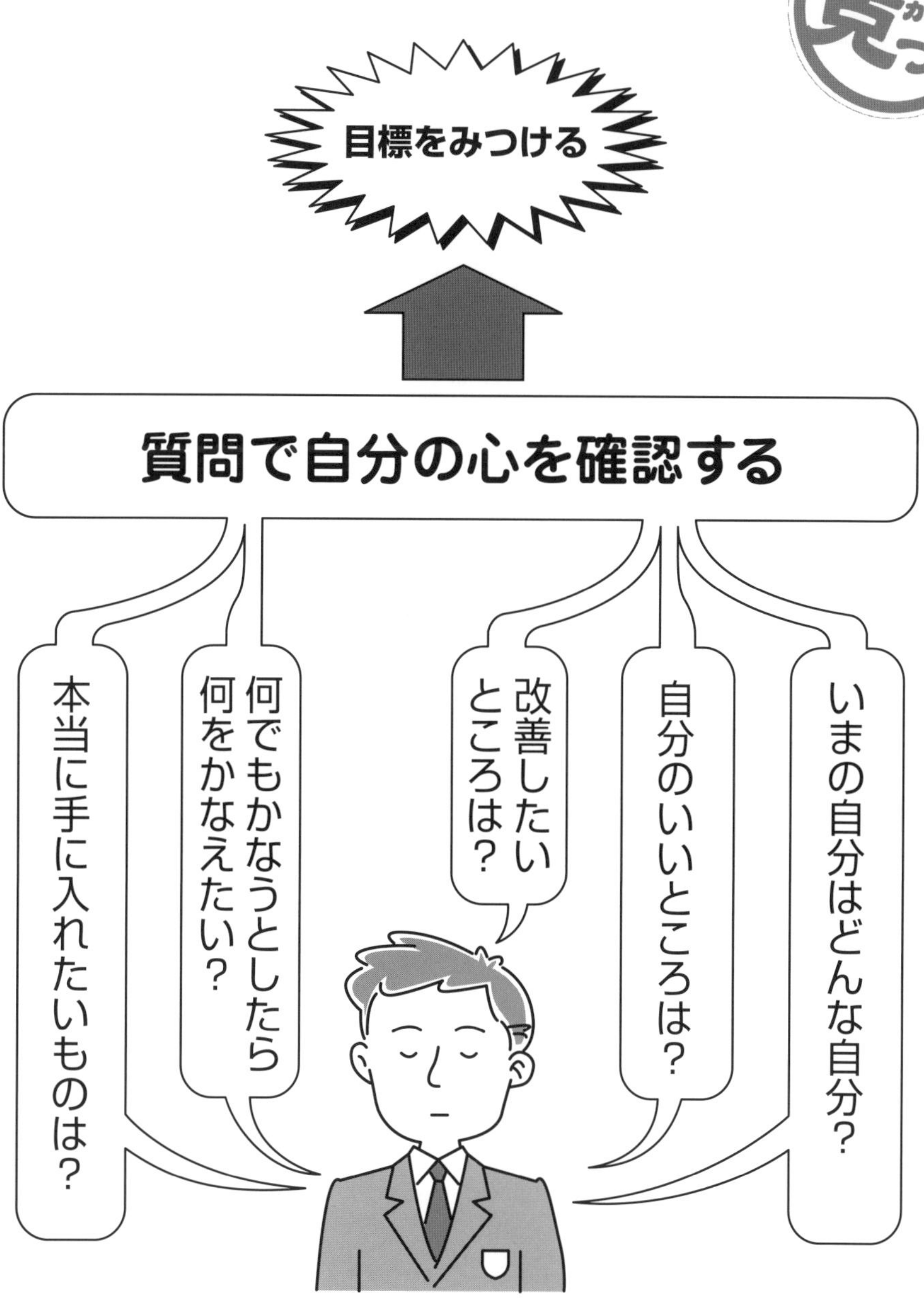
目標をみつける
質問で自分の心を確認する
いまの自分はどんな自分？
自分のいいところは？
改善したいところは？
何でもかなうとしたら何をかなえたい？
本当に手に入れたいものは？

「なりたい自分」から目標が見つかる

魔法の質問で目標をみつけよう

(1)いまの自分はどんな自分?
体力面
持久力には自信がある
精神面
理科が得意!!でも社会は苦手
学力面
コツコツやるのは苦手だけど、本番には強い
①
(2)自分のいいところは?
スポーツなら得意!
友達と仲よくできる
人にやさしくできるところ
②
(3)改善したいところは?
やることが遅いから早くしたい
授業中、ついぼーっとしてしまう
勉強にあきてゲームとかをやっちゃう
③
(4)何でもかなうとしたら何をかなえたい?
田中さんみたいにノーベル賞をとりたい!
宇宙飛行士になりたい!
④
(5)本当に手に入れたいものは?
学級のみんなに頼られるようになりたい
勉強しようと思える精神力と集中力
⑤
質問の答えを書き出して、自分の欲しいもの、直したいことを確認しましょう。
うーん、こうなりたかったのか なりたい自分になるためにがんばろう
⑥

第3章 04

方法がたくさんみえるウェビング

目標がみつかったら、次は目標をどうやって達成させるかが課題になってきます。どうしたら一歩踏《ふ》み出して行動に移せるのでしょうか。

目標に向かって踏み出すには、具体的な方法が必要です。この「ウェビング」というメントレで、まず具体的な方法をみつけましょう。

夢に向かって行動するために

ウェビングは、まだ気がついていない自分の考えを、見える形にして整理する方法です。実は目標に到達《とうたつ》する方法は、すでに自分がもっているのです。

ウェビングをすることによって、現在地点と目標達成地点をつなぐ方法が自分の中から引き出され、行動に移すきっかけができます。

アイデアが整理される

ウェビングを実際に試《ため》してみると、驚《おどろ》くほどたくさんのアイデアが浮《う》かんできます。さらにそれらがどんどん整理されていくのです。

それだけではありません。ウェビングをすることで、人から与《あた》えられていたアドバイスや忠告が、主体的なものへと変わっていくのです。人から何かをしなさいと言われると、「いまやろうと思ってたのに…」と言いたくなります。人から言われたり指示されたりしたことは、やりたくなくなるものですが、ウェビングで出てきた方法は「なりたい自分」になる方法なので、「自分からしてみたいこと」になるのです。

大人の私たちがやっても、アイデアを自分から引き出すのに役立ちます。自分の中に知恵の宝庫があるのかと思うくらい、いろいろなアイデアが浮かんできます。

ウェビングは、「目標をみつける魔法《まほう》の質問」を行って、自分の目標へのヒントをみつけてから取り組むと、より効果的です。

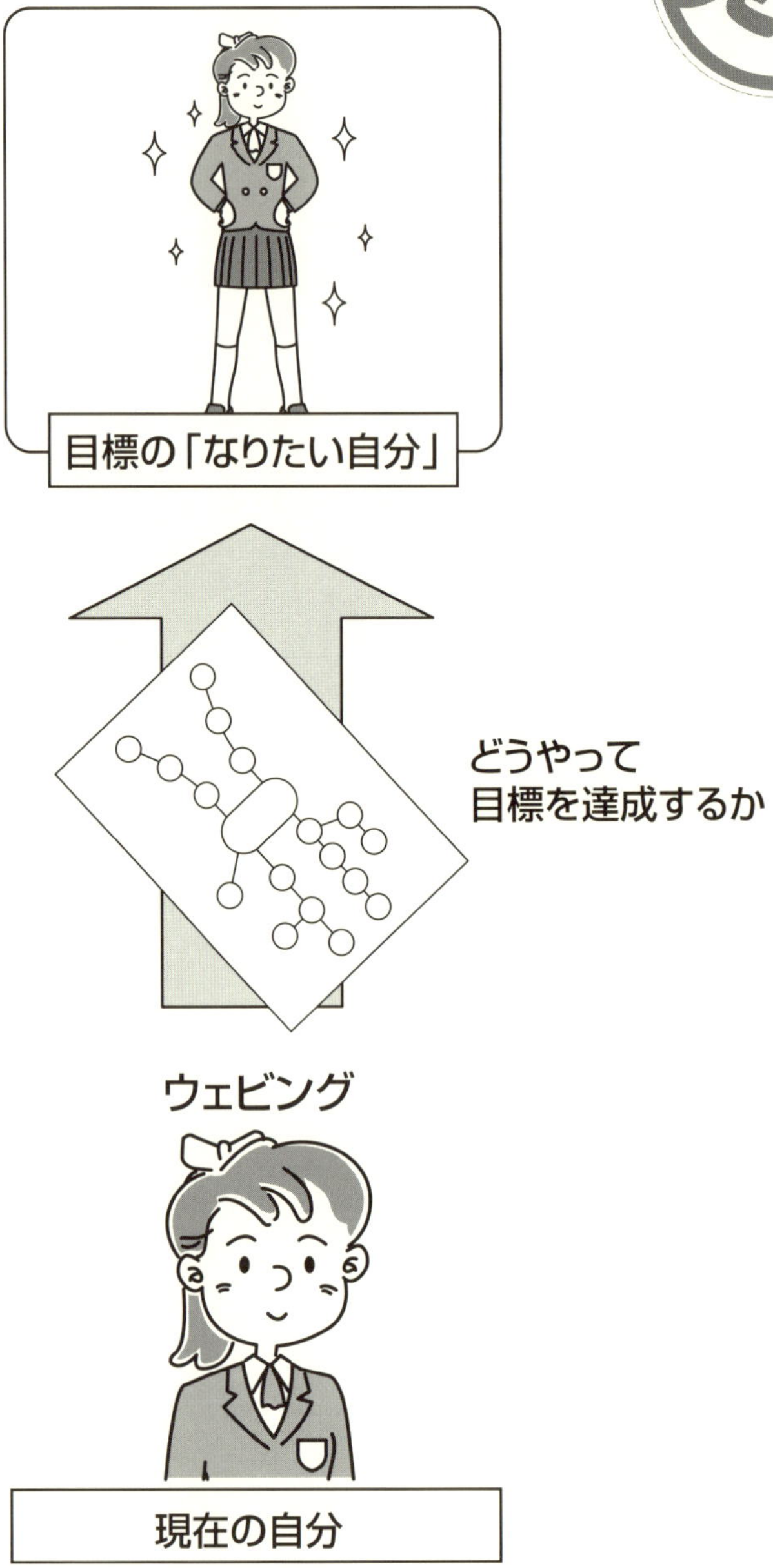
目標の「なりたい自分」
どうやって
目標を達成するか
ウェビング
現在の自分

前に進む方法は、すでに自分の中にもっている

ウェビングで引き出そう

◎A3の紙を用意します。紙の中央に「なりたい自分」と書いて○で囲みます。

浮かんできたことは
どんどん書いて
つなげていこう
ここから
連想できることを
次につなげるんだよ
軽く運動する
呼吸法
夜早く寝る
落ち着く練習
規則正しく生活する
健康な自分
あがらず
試験が
受けられる
なりたい自分
十分書けたと思ったら
少しながめて考えてみよう
何も浮かばなく
なったら、
ふりだしに
もどろう
高校に合格する
勉強をがんばる
苦手な教科を
がんばる
過去問を解く
1日15分
英単語の勉強

夢実現プロジェクトで目標達成

ウェビングで目標の達成に向けての具体的な方法がみつけられたら、次に行うのは「夢実現プロジェクト」です。

目標をもっていても、いま何をすればよいのかわからずに、行動に移せない人もいます。このメントレでは、実現すると得られることを具体的にイメージしながらプロジェクトの企画書《きかくしょ》を作成していきます。完成した企画書だけでなく、作成するときに考えたことや感じたことにも意味があります。

成功イメージがパワーを与《あた》える

成功したイメージをありありと描《えが》き、味わうことができれば、行動へのモチベーションを上げることができます。企画書には、その成功イメージを具体的に書いていきます。例えば、行きたい学校に合格した瞬間《しゅんかん》のこと、その学校での楽しい出来事。詳《くわ》しく考えるほどにワクワクしてきます。夢をもつとその夢がかなうかどうか不安になるときもありますが、この鮮明《せんめい》な成功イメージが、不安に打ち克《か》つくらいの「夢に向かうパワー」を与えてくれます。

いま、何をすればよいのかがわかる

このプロジェクトでは、いつ何をすれば、目標を達成できるのかという、目標までの行動をスケジュールに落とし込《こ》みます。学習スケジュールとの違《ちが》いは、常に目標を意識し、自己評価しながら軌道《きどう》修正していくことと、スケジュールがうまくいかずにつまずいたら、プロジェクトが実現できたときをイメージして、気持ちを切りかえることです。成功したらうれしさをどんなふうに表現するかまでイメージします。「もし、合格したら、最初にだれに何と喜びを伝えよう」「だれと喜びを分かち合おう」と具体的にイメージして気持ちを切りかえるのです。つまずくのは想定の範囲内《はんいない》ですから、つまずいたらうまくいくように軌道修正して、目標達成の喜びをイメージしながら進んでください。

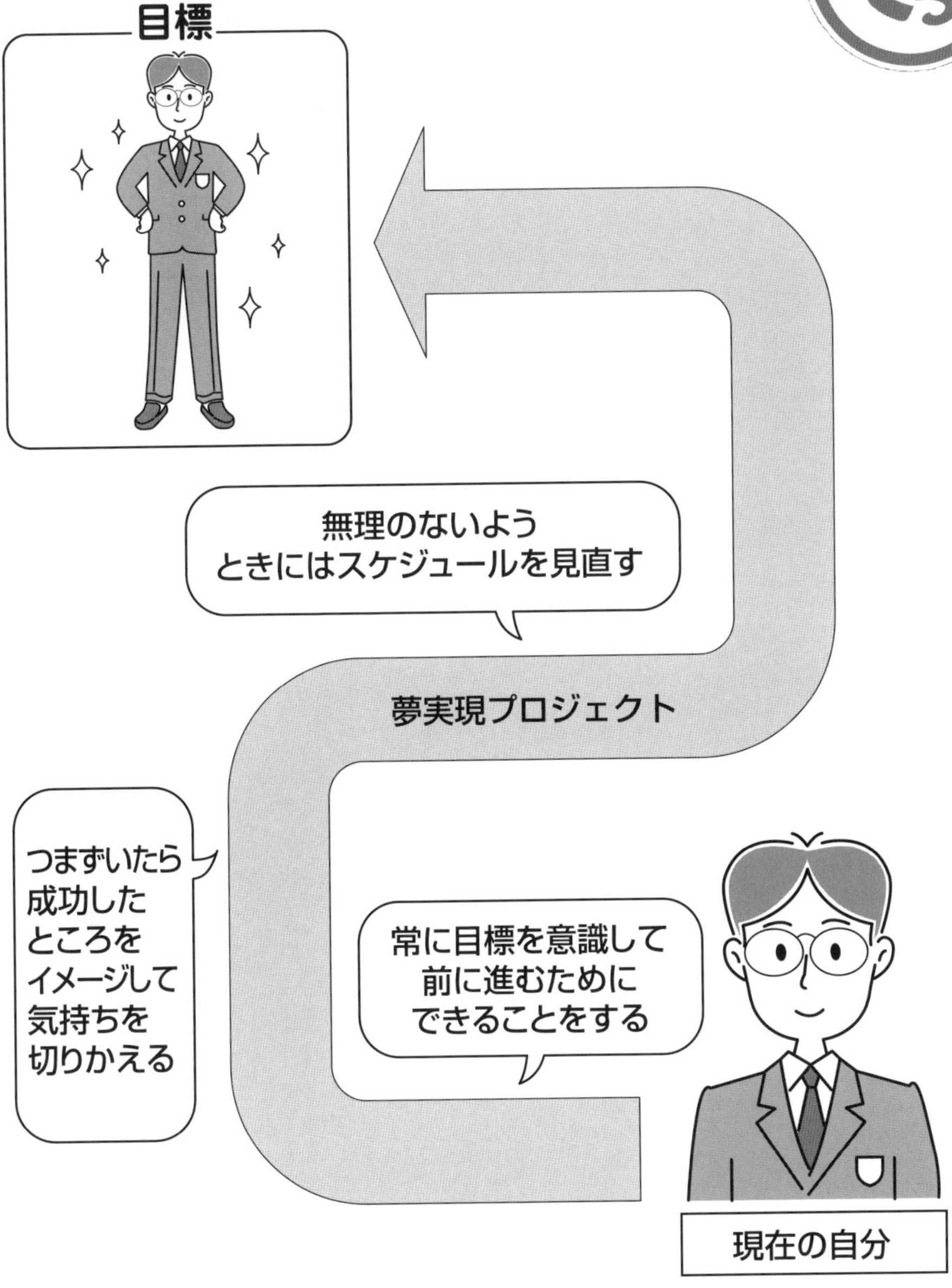
目標
無理のないよう
ときにはスケジュールを見直す
夢実現プロジェクト
つまずいたら
成功した
ところを
イメージして
気持ちを
切りかえる
常に目標を意識して
前に進むために
できることをする
現在の自分

成功イメージが目標達成に導いてくれる

プロジェクトの企画書を作ろう

①
ウェビングに書いたものの中から取り組みたいものを一つ選びます。
数学の計算練習に強くなる、にしよう
②
プロジェクト名をつけます。
なるべくワクワクする名前がいいよ！
計算マスターになれるぞプロジェクト
③
成功するために必要なことを考えてみましょう。
成功するとどうなるかな…？
Aさん、やり方おしえて
必要なことは…
①
②
③
④
⑤
④
やることをスケジュール表に書き込みます。
やるぞ！
⑤
このプロジェクトは自分や周りの人にとってどんな意味があるでしょう。
自分にとっては…？
周りの人にとっては…？
⑥
計算マスターになれるぞプロジェクト
スケジュールをこなすだけでなく見直しも大切だよ！
目標達成に向けてがんばろう！

夢実現プロジェクト

年　　組　　名前

1. プロジェクト名

2. プロジェクトの成功イメージを具体的に書いてみよう！

3. プロジェクトの成功のために，やる必要のあることを5つ以上あげよう！（　）は優先順位

①＿＿＿＿＿＿＿＿（　　）

②＿＿＿＿＿＿＿＿（　　）

③＿＿＿＿＿＿＿＿（　　）

④＿＿＿＿＿＿＿＿（　　）

⑤＿＿＿＿＿＿＿＿（　　）

⑥＿＿＿＿＿＿＿＿（　　）

⑦＿＿＿＿＿＿＿＿（　　）

4. 成功すると，自分にとってどんないいことがある？

5. 成功すると，周りの人にとってどんなふうに役立つ？

夢実現プロジェクト　スケジュール

プロジェクト名　　　　　　　　　　　　　名前

達成したい目標（ゴール）

いつ	なにを	どれくらい	目標達成のための記録 （取り組み後に記入）

やればできる!!

挑戦《ちょうせん》を成功させるひけつ

「さあ、やるぞ」と取り組んでも、なかなか続かないことが多く、「継続《けいぞく》するためにはどうしたらいいのか」という相談を受けることがあります。

いままでやらなかった新しいことをするためには、習慣を変える必要があります。それは、とても違和感《いわかん》のあることなのです。逆に言えば、新しい試みは、違和感を感じて当たり前で、その違和感をどう乗り越《こ》えるかがポイントになります。

違和感があっても続ける覚悟《かくご》

水は低いほうに流れます。同じように、いままでの習慣のほうが、なじみがあって安心感もあるので、どうしてもいままでと同じに戻《もど》ってしまいたくなるのです。でも、戻ってしまっては何も変えることはできません。何かを変えて新しく取り組み、新しい習慣を手に入れることには、覚悟が必要なのです。

違和感はあって当たり前

新しい試みを行う違和感は、簡単な体験を組み合わせることで、体で理解することができます。そして、その違和感を感じたときに、続けるのか、やめて元に戻ってしまうのかということを自分で選び、覚悟を決める必要があります。違和感を感じてやめてしまう前に、やめるか続けるのか、覚悟を決めるのです。

簡単な体験ですが、この体験をするのとしないのでは、その後の変化に大きく影響《えいきょう》が出てきます。だれだって自分で決めたことは続けたいし、意志の強さをもちたいと願っています。この体験で得られる体と心での気づきが、意志を貫《つらぬ》くことを後押《あとお》ししてくれます。

何かを学んだら、それを試《ため》してみようと思うものですが、試すだけで終わっては学んだことが身につきません。変えようと思っているときに、このメントレも合わせて体験すると、変化をより効果的にもたらすことができます。

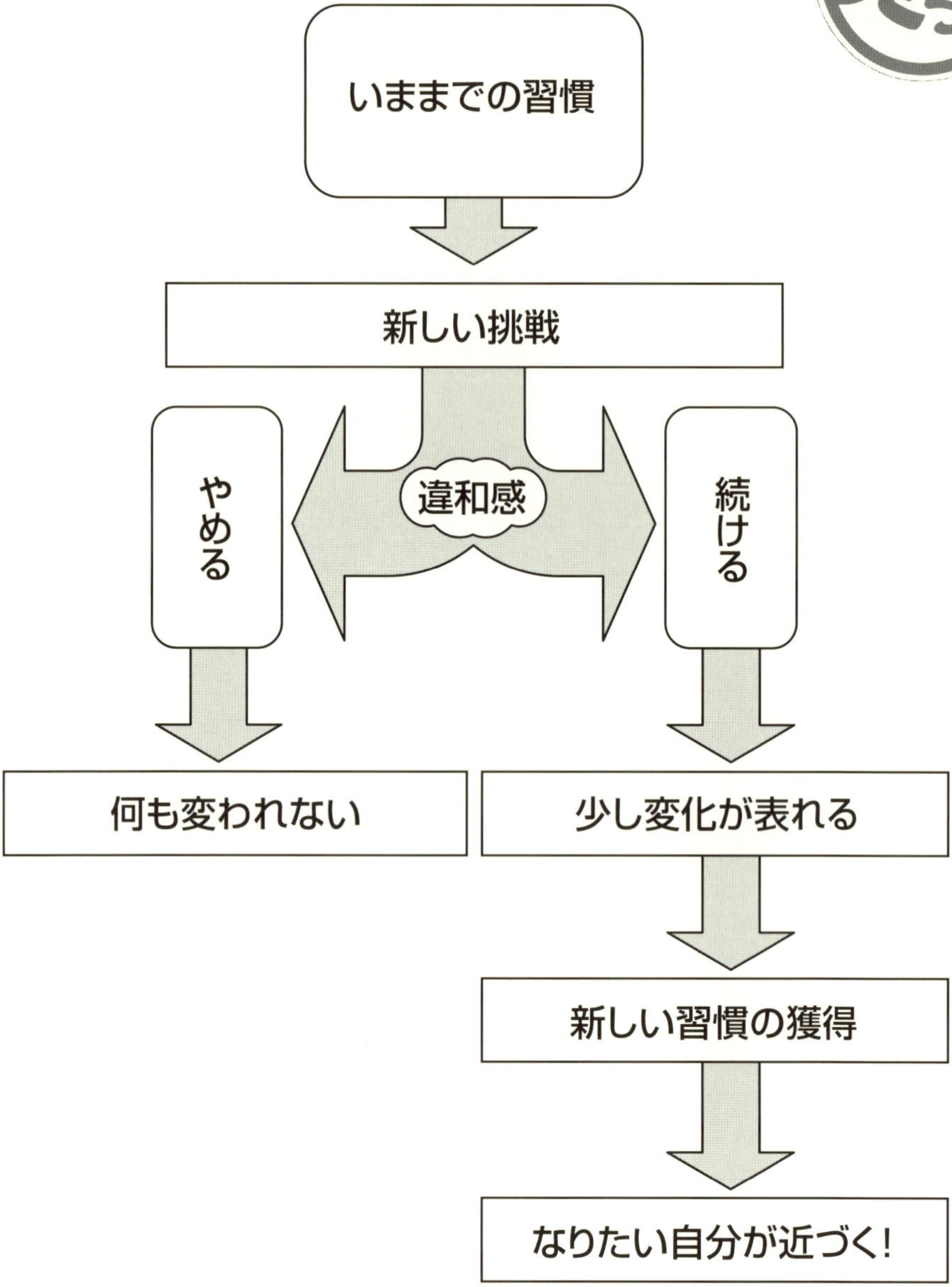
いままでの習慣
新しい挑戦
違和感
やめる
続ける
何も変われない
少し変化が表れる
新しい習慣の獲得
なりたい自分が近づく!

あきらめずに続けて、新しい習慣を手に入れる

違和感を乗り越えよう

①
いつもどおりに、手を組んでください どっちの親指が上かな？
左
右
②
いつもと逆の指を上にして手を組んでください
いつもどおりに戻すと？
何かヘンな感じ
気持ち悪い
戻すとふつう
③
何度も繰り返してみてください。
何だか慣れてきた
最初ほど気持ち悪くはないかな
④
こんなふうに続けていけば、勉強の方法も自分の思いどおりに変えていけるよ
最初は違和感があっても繰り返せば新しい習慣が身につくね

レーザー光線のように集中する

みなさんは、どれくらいの覚悟《かくご》で受験に臨《のぞ》んでいるでしょう。受験に集中したくてもいろいろなことが気になって集中できない人もいると思います。ここでは、集中することがどのくらいの力になるかということを、レーザー光線の例から身をもって感じるメントレを紹介《しょうかい》したいと思います。

集中するとどうなるか

集中することがいいことはだれでも知っているのですが、自分が集中すれば、どんな威力《いりょく》になりうるのかということに気づいているでしょうか。

自分のエネルギーは目に見えるものではありませんし、ましてや測れるものではありませんが、電球のワット数なら、明るさを目で見たことがあるのでイメージしやすいと思います。集中するときの力を電球の明るさにたとえたのが、五一ページのストーリーです。

威力を発揮する集中

自分の力を十分だと感じている人は、そう多くはありません。ほとんどの人は、自分は力不足だと考えています。ですが、力不足を感じている自分でさえも、レーザー光線のように集中すれば、受験を成功させる力を出しうるのです。力を発揮する方法次《し》第《だい》では、レーザー光線のように集中して目標を成し遂《と》げることができるのです。

「自分は力不足だから、できるはずない」などと思い込《こ》まず、集中することで信じられないほど自分の力が出せることに気づくと、勉強でも試験でも威力を発揮することができます。

レーザー思考で障壁を切る

百ワットの電球を一日中見つめていても何の支障もない。しかし、五十ミリワットのレーザー光線を一瞬直視しただけで目は永久的な損傷を受けてしまうことがある。

　百ワットの電球は、五十ミリワットのレーザーの二千倍ものパワーを持っている。では何が違《ちが》うのだろうか。なぜレーザーはそれほどまでに凄《すさ》まじい破壊力《はかいりょく》を持つのだろうか。答はもちろん、集中力である。レーザーのエネルギーはすべて、一点に集中しているが、電球のエネルギーは拡散している。

　ほとんどの人が、電球のように生きている。彼らのエネルギーがさまざまな活動に分散している。焦点《しょうてん》がない。効果が上がらないのはそのためだ。

　たとえあなたのエネルギー、知識、技量、能力が他人の二千分の一しかなくても、それを一点に集中させれば、大きな成果を生み出すことができる。

　レーザーは、思い切った行動の良い喩《たと》えと言える。レーザーは鉄板でも切ることができる。あなたが自分のエネルギーを集中させれば、何ができるだろうか。あなたは、五十ミリワット以上のパワーを持っているに違いない。

出典：ジェームス・スキナー『成功の９ステップ』幻冬舎

がんばる力がわくモデリング

受験では、どうやってがんばる力を持続するか、自分の限界の壁《かべ》をどう超《こ》えていくかが大切です。そんなときに活用できるのが、イメージの力を借りて自分の力（スキル）にする「モデリング」です。

イメージの力を借りる

「この人が私の尊敬する人です」と決まっていなくても「この人すごい」とあこがれたり、尊敬したりしている人が何人かいると思います。そのイメージは、自分に力を貸してくれます。その人ならどう行動するかを鮮明《せんめい》にイメージし、なりきって振《ふ》る舞《ま》ってみるのです。そうすると、いままでの自分以上の力を発揮できます。受験の面接のときや、ふだんの勉強でも試してみてください。

私も人前で話すのが苦手でしたが、あこがれている人をイメージし、その人になりきったつもりで話をするようにしたら、克服《こくふく》できました。

自分の苦手なこと、悩《なや》みや困難なことを乗り越《こ》えるときに、自分のあこがれている人ならどのように行動するのかをイメージし、そのイメージを活用すると、いままでの自分とは違《ちが》った乗り越え方や取り組み方ができるようになります。

身近なヒーローから力をもらう

身近なヒーローは私たちにがんばる力を与《あた》えてくれます。私はよく、イチロー選手や島田紳助《しまだしんすけ》さん、努力して絵本作家になった大学生の話を紹介します。自分と同じようなときにどんな努力をしたから、いまの彼らがあるのかを知ることは、私たちにがんばる勇気を与え、情熱を呼び覚ましてくれるのです。

「自分もきっとできる」と
信じることが可能性を生む

自分のモデルをイメージしよう

①
あこがれている人や、尊敬する人をみつけてみましょう。実在する人でも、マンガなどの登場人物でもいいので鮮明にイメージできる人を思いうかべます。
あこがれている人は…
②
①でみつけた人の、どの要素が魅力だと感じているのか、具体的に書き出します。
は、頭がよくて話が上手で…
は、冷静でコメントが素晴らしい
③
②の要素を自分の中に取り込んでみます。顔の表情、しぐさ、行動、話し方、考え方などを真似してみます。
④
その人になったつもりで、自分の課題と向き合います。その人だったらどうするか考えて、解決策をあげてみましょう。
頭がよい さんなら…
冷静な さんなら…
勉強やテストで壁にぶつかったときに、このイメージで対応することもできるよ

スランプを克服《こくふく》する

どんなに力をもった人にでも、スランプはありません。スランプのない人はいません。けれど多くの人は、スランプに陥《おちい》ると、精神的に追い詰《つ》められて苦しい状態になります。自分だけが前に進めないと思って焦《あせ》り、苦しんだ末に挫折《ざせつ》してしまう人もいます。スランプは乗り越《こ》えるかどうかなのです。成功できるかどうかは、スランプを克服し、どんなことがあってもあきらめずに、続けられるかということにかかっています。

成長曲線でスランプから抜《ぬ》け出す

自分の成長を曲線で表してみます。これを成長曲線といいます。次のページに、代表的な成長曲線を示しました。

このグラフは、横軸《よこじく》はそのことに努力している時間で、縦軸は成長の度合いです。多くの人は、成長するうえでこのような曲線を描《えが》くといわれています。横軸に平行なときはスランプです。ここを乗り越えて、次の成長まで耐《た》えられる人が成功できる人です。何かを成し遂《と》げようと思ったら、三回くらいはスランプがあるといわれています。「いまは何回目のスランプで、あとどのくらいがんばれば脱《だっ》することができるのか」と客観的になることが大切です。

いま、自分はどこにいて、今後どうしていきたいのか、このままではなく、未来があることをイメージできれば、スランプにのみ込まれずに、冷静さを取り戻《もど》して、スランプも乗り越えやすくなります。

スランプに陥る前に

スランプに陥ってからこのグラフを見ても効果的だと思いますが、私は、スランプに陥る前にこの話をしています。スランプになったときに、思い出して自分でケアできるからです。

何かに取り組むとき、うまくいかないことは当たり前なので、覚悟《かくご》を決める意味でも、この成長曲線を知っていると乗り越えやすくなります。

成長曲線

スランプ
スランプ
スランプ
いまはここだな
どうしたらいいかわからない
どうしよう…
スランプ

スランプを客観的に見て乗り越える

スランプにどっぷりつかってしまう

成長曲線を知り、あきらめず続けよう!

スランプの乗り越え方

①
スランプ
スランプ
スランプ
だれにでもあるものなんだ
いまはここかな…
②
こんな話もあるよ
イチローのエピソード
イチローは、甲子園の一回戦で敗退しています。実力を測る甲子園で負けると、落ち込む選手が多いのですが、イチローは、自分はプロ野球選手になると確信していました。ですから、負けたことを一つの通過点として考えられたのです。あのとき、あきらめていたら、いまのイチローはいなかったでしょう。
③
いまきつくても乗り越えるとよくなる
④
いますぐ点数が上がらなくてもあきらめずに続ければ必ず伸びるよ!
この先のことを考えて、スランプを乗り越えよう!

第4章 もやもやを打ち砕《くだ》くメントレ

受験以外にも、友達のことなどで、悩《なや》んだりイライラしたりして、勉強する気になれないということはありませんか？
この章では、受験以外の色々な悩みを解決できるメントレを紹介《しょうかい》します。

あなたの悩みはどれかな？

P.58へ
どうやって悩みを解決したらいいかわからない

P.63へ
イライラ、もやもやして感情が不安定

第4章 01

書いてスッキリ悩《なや》みを解消

受験に集中したいのに、気がつくと悩みに振《ふ》り回されてしまう人も多いと思います。「ちょっとした悩みだけど、気になると心を占領《せんりょう》して勉強が手につかない」「だれかに相談したいけど、弱みを見せたくない」「自分だけで考えても、解決の糸口がみつからず、堂々巡《めぐ》りをする」。そんな人に、悩みを解決するメントレを紹介《しょうかい》しましょう。

納得《なっとく》のいく答えは自分がもっている

悩みをもつと、だれかに解決策を教えてほしいと思う人は多いのですが、「こうしたらいいよ」と言われても、納得する場合は少ないようです。納得できる答えは自分がもっているのです。

このメントレは、手紙を書くことで自分の中に解決策をみつけます。自分がいま何に悩んでいるのか、主語を三人称《しょう》にして手紙を書くことで、本当に求めている解決策を導き出すのです。この方法を使えば、だれにも知られずに、ベストの解決方法をみつけることができます。

もう一つのスッキリ法

同じように心をスッキリさせる方法がもう一つあります。言いたいことがあるけど言えなくてもやもやしているときに使うと効果的な方法です。「あのとき、こんなこと言われて、本当はものすごく傷ついた」「あなたがそう決めつけているだけじゃない」など、伝えきれなかった思いを、相手に伝えるつもりで手紙を書くと、未完了《みかんりょう》だった思いを完了させ、スッキリできます。書くだけで、手紙を実際に出す必要はありません。

だれも傷つけずに悩みを解消

これらの方法を紹介すると、だれも傷つけずにもやもやを解消できるので、大変喜ばれます。だれでもできる方法なので、受験だけでなく、悩んだときに活用してみてください。

自分レポート

自分のいまの悩みを、主語を三人称にして書いていきます。
彼はいま、成績より友達とのことで悩んでいます…
彼が本当に望んでいることは…
そして彼は…
①
終わったら、ながめてみましょう。
これに悩んでるんだよな〜
こうすれば仲直りできるかも
②
〝解決させなくちゃ〟とか〝ここはいけない〟とかの批判や評価はなしにして、◎何に悩んでいるか◎どう思っているかを、素直に書いてみよう
③

○○さんへの手紙

いまの思いを、伝えたい相手に向けて書いていきます。
Aさんへ、あのとき、こんなふうに言われてとても傷ついた。あなたはそう言うけど、決めつけてるだけだと思う
①
言いたかったことが書けた僕はこう言いたかったんだな
あ、あのときAさんはこういう気持ちだったのかも
②
言われて気になったこと、言いたかったことを手紙に書くと、心がスッキリするよ
直接言うとトラブルになったりするけど、これなら相手を傷つけずにできるね
③

第4章 02

悩《なや》みに打ち克《か》つ考え方

現代社会にはたくさんのストレスや悩みがあります。けれども、ストレスや悩みを感じやすい人と、あまりストレスを感じないでいられる人がいるのはどうしてでしょうか。それは、ストレスを感じやすくしている「元（考え方）」が根底にあるからです。この「ストレスの元」に気がついて対処するのと、気づかずに振《ふ》り回されてしまうのでは、大きな差が出てきます。その元に気がついて対処すれば、ストレスはコントロールできるようになります。

ストレスや悩みの元の正体は？

感じ方には人それぞれ癖《くせ》があります。ストレスや悩みの感じ方にも癖があります。その癖をつくり出しているのは心の声であり、心の声はその人の考え方と信念がつくり出しています。悩みの元をつくり出しているのも心の声であり、出来事が悩ませているようにみえて、実は自分の信念や考え方が自分を悩ませているのです。

例えば模擬《もぎ》テストなどの結果が悪いとストレスを感じるかもしれません。その状況《じょうきょう》で「努力が足りないからこんな成績なんだ」「こんな成績じゃ、先生にも親にもなんて言えばいいんだ」と心の声がささやいたとします。そうすると、必要以上に自分を責めたり、絶望したりします。しかし、大切なのは落《らく》胆《たん》することより、ダメージを最小限にして、勉強に切りかえることです。そのときに、役立つのは、ストレスの元になっている心の声に許可を与《あた》えることなのです。

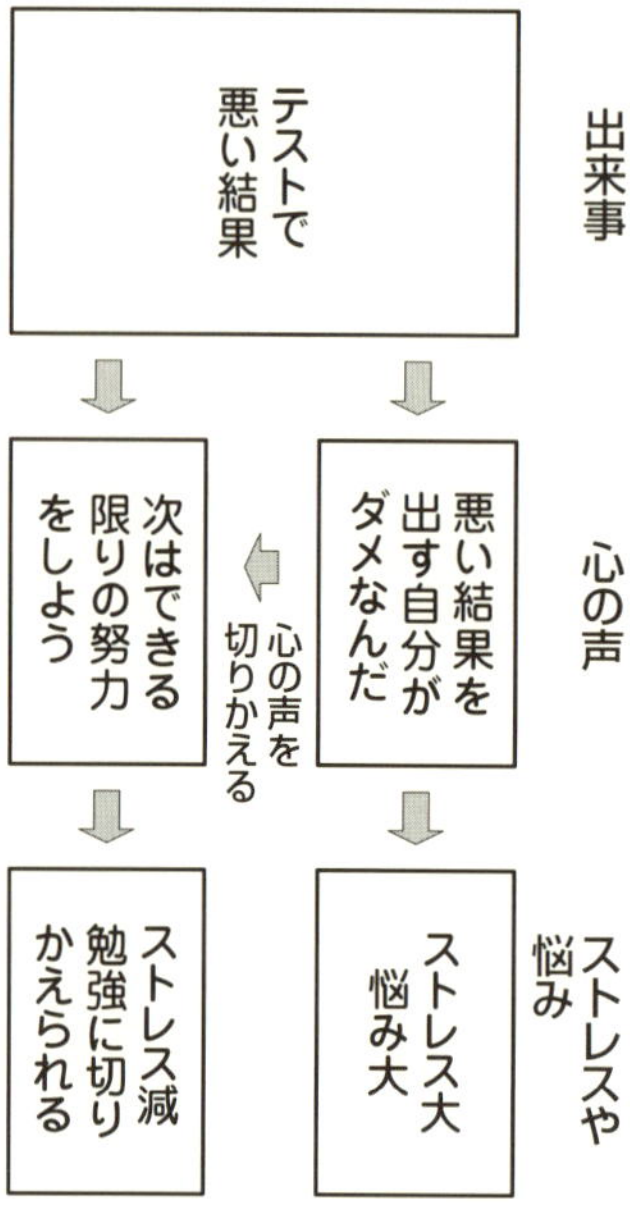

出来事
テストで悪い結果
心の声
悪い結果を出す自分がダメなんだ
心の声を切りかえる
次はできる限りの努力をしよう
ストレスや悩み
ストレス大 悩み大
ストレス減 勉強に切りかえられる

ありのままの自分に許可を与える

心の声に許可を与えるとはどういうことかというと、例えば、「だれだってミスすることはあるから仕方ない。次はミスしないようにできる限りのことをしよう」と、自分の基準に達しなかった自分に許可を与えることです。

私自身は、自分が苦しくなると必ず見る絵があります。その絵はどうにも間抜《まぬ》けな馬の絵で、馬と一《いっ》緒《しょ》に「四本の足をもつ馬でさえつまずく」と書かれています。その絵を見ると、「完璧《かんぺき》な人なんかいないんだから、うまくいかないときだってある」「努力したけど努力が報《むく》われないときだってある」と、ありのままの自分でもいいと自分に許可を与えて、不完全な自分を受け入れることができる絵なのです。そのうえで「自分は大丈夫《だいじょうぶ》だ！　またがんばろう！」と思うことができます。

大切なことは、自分の心に負けないで前向きになることです。そのために必要な言葉を、このメントレでみつけることができます。

画：もぐら庵・池田耕治

心の声に許可を与えよう

心の声

完璧でなければいけない
努力し続けなければいけない
楽をしてはいけない
強くなければいけない
仕切らなくてはいけない
人に弱みを見せてはいけない
感情を出してはいけない
マイナスの感情を抱いてはいけない
人を喜ばせなくてはいけない
人に気に入られなければいけない
だれからも認められ愛されなくてはいけない
人を怒らせてはいけない
自分より人を優先しなくてはいけない
急がなくてはいけない

自分の考えと似ている言葉はどのくらいあるかな

許可する言葉を繰り返してみよう

だれにでも気に入られるなんてことはないんだ

完璧な人なんていない 完璧でなくてもいいんだ

ときには自分を優先してもいい

心の声に許可を与えると、ストレスが軽くなるよ!!

気持ちが落ち着く心の栄養

受験勉強に身も心もすり減らしながらがんばっている人も多いと思います。そんなときは、すぐにイライラして八つ当たりしたくなったり、怒《おこ》りたくなったり悲しくなったり、情緒《じょうちょ》が不安定になる人もいるでしょう。感情に振《ふ》り回されていては、受験に集中できないので、感情を安定させるための方法を紹介《しょうかい》したいと思います。

心にも栄養が必要

体の栄養が足りなければ栄養失調や病気になりますが、心にも栄養が足りなければ、情緒が不安定になったり、病気になったりしてしまいます。心は目には見えないので、心の栄養状態は目には見えません。

心に栄養が足りないとどんな状態になると思いますか。やる気がなくなったり、否定的にものごとをとらえたり、否定的な考えに陥《おちい》ってしまったり、希望がみえなくなったり、そわそわしたり、イライラしたり、かと思うと急に悲しくなったりします。もっとひどくなると、心身症《しんしんしょう》という病気になったり、最悪の場合は死に至ったりするともいわれています。そうならないためにも、ふだんから心に栄養を与《あた》えていくことが必要です。

もっと自分を大切にする

受験のときは、自分のことは後回しで勉強を優先することが多いと思います。しかし、受験を成功させるには、ときには自分を大切にすることも必要です。受験は何のためにするのかというと、自分が幸せな人生を送るため、自分の未来の幸せのためにがんばっているのです。つまり、自分を大切にすることは、受験にとっても人生にとっても大切なことです。けれどもこのことに気づかずに苦しみながら耐《た》え抜《ぬ》くだけの受験をし、合格した後、何が幸せなのかわからなくなってしまう人もいます。受験のときも、自分のことを大切にすることを忘れずに、心も体もよい状態で受験できるようにしたいものです。この意識さえあれば、受験を乗り切るパワーを充電《じゅうでん》しつつがんばることができるようになります。

心の状態をよくするルール

心に栄養をためるために必要なことが五つあります。一つめは、自分で自分をほめていいということ。二つめは、人からもらったうれしい言葉を受け取ってもいいということ。三つめは、欲《ほ》しくない言葉は、受け取らなくていいということ。四つめは、欲しい言葉は、要求してもいいということ。五つめは、人をほめても、自分を卑下《ひげ》しているのではないということです。

心の応援団をつくろう

「近くに行くと元気がもらえる」という人がいれば、元気がないときはその人と話してみるといいでしょう。時間がなければ、メールでもいいと思います。元気をもらうと、またがんばれるようになります。

心の状態が幸せを左右する

私は、ある時期、心の状態が悪い日が続き苦しんでいました。その後、心の仕組みについて学び、心に栄養を与えていけば、情緒も安定して幸せになれること、心の栄養は自分でも与えることができることを知って、安心して涙《なみだ》が止まりませんでした。

よい学校に入ったり、よい仕事に就《つ》けたりしたから幸せになれるのではなく、よい心の状態でいられるからこそ、希望の学校や仕事に就けたときに幸せを感じることができるのです。

心の栄養は循環《じゅんかん》する

人のことをほめると損をした気分になったり、悔《くや》しい気持ちになったりして、心から人をほめられない人もいます。けれど、だれかのいいところをみつけられるのは、そのいい部分を自分ももっているからです。ですから人をほめながら自分のいいところも確認してほしいと思います。

また、心の栄養は循環します。あなたがたくさんのほめ言葉を出していけば、たくさんのほめ言葉が返ってくるのです。自分の心にも、人の心にも栄養を与えることができる人になってください。

メントレで克《か》っ!

いまの心の栄養状態は？

心の栄養を集めよう

次のことについて、いくつでもいいのであげてみましょう。

①
うれしいことは…
いままで、一番誇らしかったことは…
幸せを感じるときは…
一番がんばったことは…
感謝していることは…
自分を大切にするためにできることは…
自分のいいところは…

②
見つけたら、メモしておくといいよ！
心がつらくなったら思い出して
心を栄養でいっぱいにしよう

ちょっと一息

ストレス発散体操

受験勉強をしていると、ストレスがたまりやすいときもあります。そのまま勉強しても、心がスッキリせず勉強に影響が出ることもあるので、体操で発散します。この体操は簡単で、ストレスを解消できるだけでなく、ストレスを新たなパワーに変化させ、前向きな気持ちにする効果もあります。

①立った状態で、一歩踏み出しながら両手を押すように前に突き出します。突き出しながら、「NO」と腹の底から声を出します。「NO」という声に気持ちを乗せ、納得がいくまで動作を繰り返します。

②今度は「NO」の言い方をいろいろ変え、動作に変化をつけて行います。

③次は①と同じ動きをつけながら、今度は「YES」と声を出してみます。「YES」という声に気持ちを乗せ、この動きを繰り返します。納得がいくまで繰り返しましょう。「YES」にも変化をつけて行ってみてください。

※声を出すことには、発散する効果があると同時に、脳を刺激し、パワーを生み出します。また、動きをつけることでパワーを引き出します。

この方法は、言えなかったさまざまな思いを「NO」という言葉に集約していますので発散しやすいのです。そして、きちんと発散できると、そのエネルギーが前向きなパワーになって返ってきます。

イラスト：ムライタケシ

ちょっと一息

もっと
力を抜いてやって
いいんだよ。

▼身体症状に着目してみよう

長時間勉強をしていると、肩こりや頭痛などがとれなくなることがあります。ここでは、その症状と対話して、自分に必要なメッセージを受け取るという対処法を紹介します。ちょっと変わっていますが、心理学の一つの方法ですので、安心して試してください。

①まず、自分が抱えている症状がどんなものか、小さな子どもでもわかるように説明してみましょう。

例「肩の上に黒くて重い粘土のかたまりがのっている」
「頭を鉄のベルトで締めつけられている感じ」

②次に①で説明したそのものになりきってください。黒くて重い粘土になってはりついたり、鉄のベルトになって頭を締めつけたりするのです。そのものになりきって動作で表現し、言葉もつけてみます。

例「もっと、もっと、もっともっとやれ」
「もっと力を抜いてやっていいんだよ」

症状の作り手が、何を言いたいのか、そのメッセージを素直に聞くことが大切です。症状からのメッセージは自分の思っていることと正反対であることもあります。

※あなたを苦しめている症状は、もっと深い部分ではあなたに大切なメッセージを伝えようとしてくれている味方なのです。そのメッセージを伝えたくて症状として現れているので、あなたにそのメッセージを受け取ってもらえたことに安心すると、症状をつくり出す必要がなくなり、症状が解消されていきます。

参考：藤見幸雄『痛みと身体の心理学』新潮社

イラスト：ムライタケシ

第5章 やりたいことをみつけるメントレ

「受験」と言われても、何のためにするのかがわからない、将来何になりたいのかわからなくて、受験勉強をする気になれない、ということはありませんか?
この章では、将来何をしたいのかをみつけるヒントになるメントレを紹介《しょうかい》します。

あなたの悩みはどれかな？

P.70へ
何を基準に将来を考えればいいかわからない

P.72へ
将来何をしていきたいかわからない

P.74へ
将来に不安を感じる

P.82へ
自分にとって何が大切なのかがわからない

進路選択《せんたく》の決断に迷ったら

あなたは自分がどんな価値観を大切にして考えたり生活したりしているか気づいているでしょうか。重大なことや、自分の将来について決断しなくてはならないときに、自分が何を大切にし、何に価値をおいているのかわかっていると、たとえ迷ったとしても、自分の指針で決断できます。何を選ぶと正解かということは人によって違《ちが》います。大切にしたいものは人によって違うからです。

今回は自分の将来の方向性を選ぶうえでの、自分の中の譲《ゆず》れない価値観に気づくメントレを紹介します。どの学校を選ぶか、何科に進むか、就職はどうするかは大きな別れ道です。このメントレは、前もって決断するための準備として行うと、「自分はこういうことを大切にしたいからその方向で仕事をしよう」と自分の指針を確認できます。

大切な価値は一つではない

価値の基準は一つではありません。同じ人でもいくつかの価値を大切にしています。ときには、相反するものの両方に価値をおいていることもあるでしょう。大切なのは、「こうあるべき」と答えをみつけるのではなく、自分に合った答えをみつけることです。そして、価値は人によって違うことを理解することです。自分にとって大切でも、ほかの人にとっても大切なものだとは限らないのです。

人生は決断の連続です。いま何をするか、将来どのように生きるのかということまで、大人になるにつれて決断することがどんどん増えてきます。進路選択は、初めての大きな決断ともいえるでしょう。大きな決断をするときには、迷ったり悩《なや》んだりして当たり前だと思います。このメントレで自分の価値を明確にすると、進路や将来について悩んだときも、考えるための指針となり、決断を助けるのに役立つでしょう。

自分が何に価値をおいているか知る

↓「価値分析カード」116ページへ
価値分析カード（116～117ページ）から、大切だと思うカードを半分選びます。半分は捨てます。
こっちは必要…
こっちは不要だな
捨てないといけない
不要
必要
①
選んだカードを、価値をおいているものから優先順位で三つのレベルに分けます。
高いレベルには何が残ったかな…
高
中
低
②
高いレベルのカードを見ながら文をつくります。
バランスを大切に
現在を大切にして
のんびり
自分を表現する
③
つくった文章を声に出して読んでみましょう。
文章は心にしっくりくるかな
この文を作ることで、進みたい方向が見えてくるよ
④

考案：宮城まり子

何をしたいかわからないとき

一生懸命《けんめい》がんばっているときに、ふと、自分は何のために生きているのか、将来何をすればいいのか、いま何をすればいいのか、わからなくなることもあるでしょう。

ここでは、自分と向き合いながら「将来自分は何を実現したいと思っているのか」という答えをみつけるメントレを紹介《しょうかい》します。これを使って、自分の将来に迷ったり悩《なや》んだりしたときの、方向性をみつけてください。

社会に出て行くために必要な準備は

中高生の悩みとしていわれるものに、次の四つがあります。

(1)いま、自分は何をしたらよいのかわからない
(2)何を目指したらよいのかわからない
(3)自分に向いている仕事(職業)がわからない
(4)目標の実現の方法がわからない

これらの悩みを乗り越《こ》えるためには、社会にはどんな仕事があって、自分にはどれが向いているのかを知り「社会で何がしたいと思っているのか」と、自分と向き合うプロセスが必要です。成績や適性を超《こ》えた、自分が求めている生き方を考える時間が必要なのです。すぐに答えは出せないものですが、早い時期から、考える時間が必要です。このプログラムを手がかりに考えてみてください。

自分も夢も進化していく

このプログラムは、いつ行っても、その時期なりの答えが導き出せます。将来の夢は進化するからです。また一度決めたからといって必ずそこに行き着かなければいけないものではありません。その時々のベストを自分の中にみつけて、軌道《きどう》修正しながら、自分の望む未来を手に入れてほしいと思います。

将来自分がどうなりたいのかをみつける

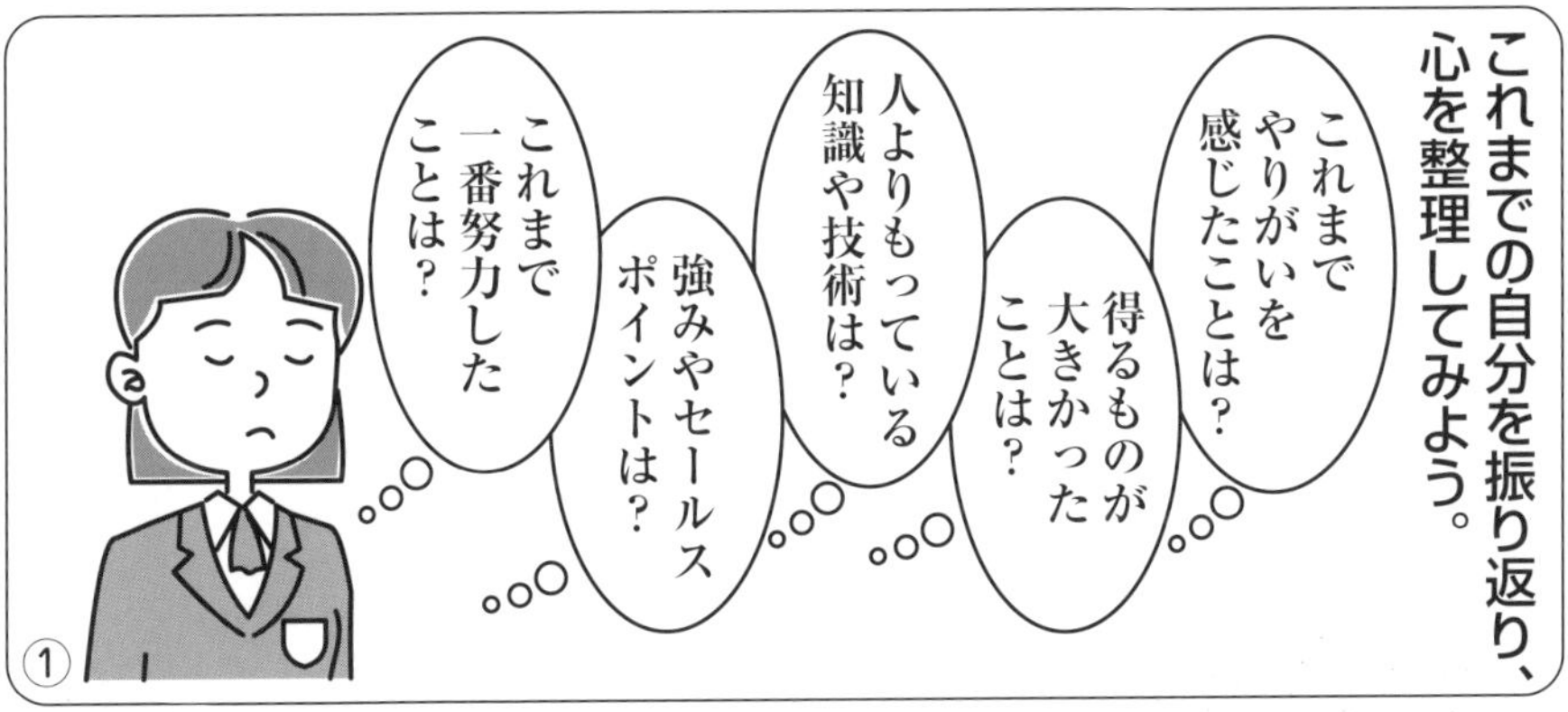
これまでの自分を振り返り、心を整理してみよう。
これまでやりがいを感じたことは？
得るものが大きかったことは？
人よりもっている知識や技術は？
強みやセールスポイントは？
これまで一番努力したことは？
①

現在の自分をみつめよう。
いまやっていることで、楽しさややりがいを感じることは？
あえて自分に欠けているものは？
いまやっていることの中で、大事にしていけば得られるもの、得たいものは？
今後につなげたい知識・技術マインドは？
②

これからの自分で実現したいことは
③

達成のための行動	必要情報	必要条件	目標	興味・関心	
					work（仕事）
					life（生活）

この表に書き込んで

考案：宮城まり子

未来に不安を感じるとき

受験勉強をしていると、何のために勉強するのかがわからなくなって苦しくなることがあります。ときには、生きる意味さえ見失って悩《なや》むこともあるでしょう。そんなときは、自分の夢を確認することが役立ちます。自分が何を実現したいのかを確認できれば、勉強することの意味がみえてきます。

悩んだときに、自分の中に実現したい未来をみつけ、苦しみを打破できるように二つのメントレを紹介《しょうかい》します。

未来を信じる

自分の将来を考えると、希望に胸がふくらむこともあれば、先のみえない不安を感じることもあると思います。自分の将来に対して、否定的なイメージをもっている人は少なくありません。将来への不安に打ち克《か》つためには、具体的な将来をイメージし、その夢を実現できると信じることが大切です。

この二つのメントレを体験すると、みえていなかった自分の望む未来がみえてきます。自分の望む未来がみえてくると、自分の未来を信じる力がわいてきます。この未来を信じる力が大切なのです。

「実現できる力」はすでにもっている

あなたは、自分の夢を実現できると信じていますか。大切なのは「実現できる」と信じることです。信じて前に進めたとき、実現の可能性は高まります。

「これをしたい」とイメージしたときには、実現できる力はすでにもっています。すぐにはできなくても、将来その夢を実現できる力が備わるのです。

私はこの話を聞いたとき、自分の可能性を信じていない自分がいることに気がつきました。みつけようと思えば、できない理由はたくさんあります。でも、そうやってあきらめているのと、できると信じて行動するのでは、夢の実現に大きく差がでてきます。信じるかどうかは自分次第《しだい》です。できると信じたときから、夢に近づくことができるのです。

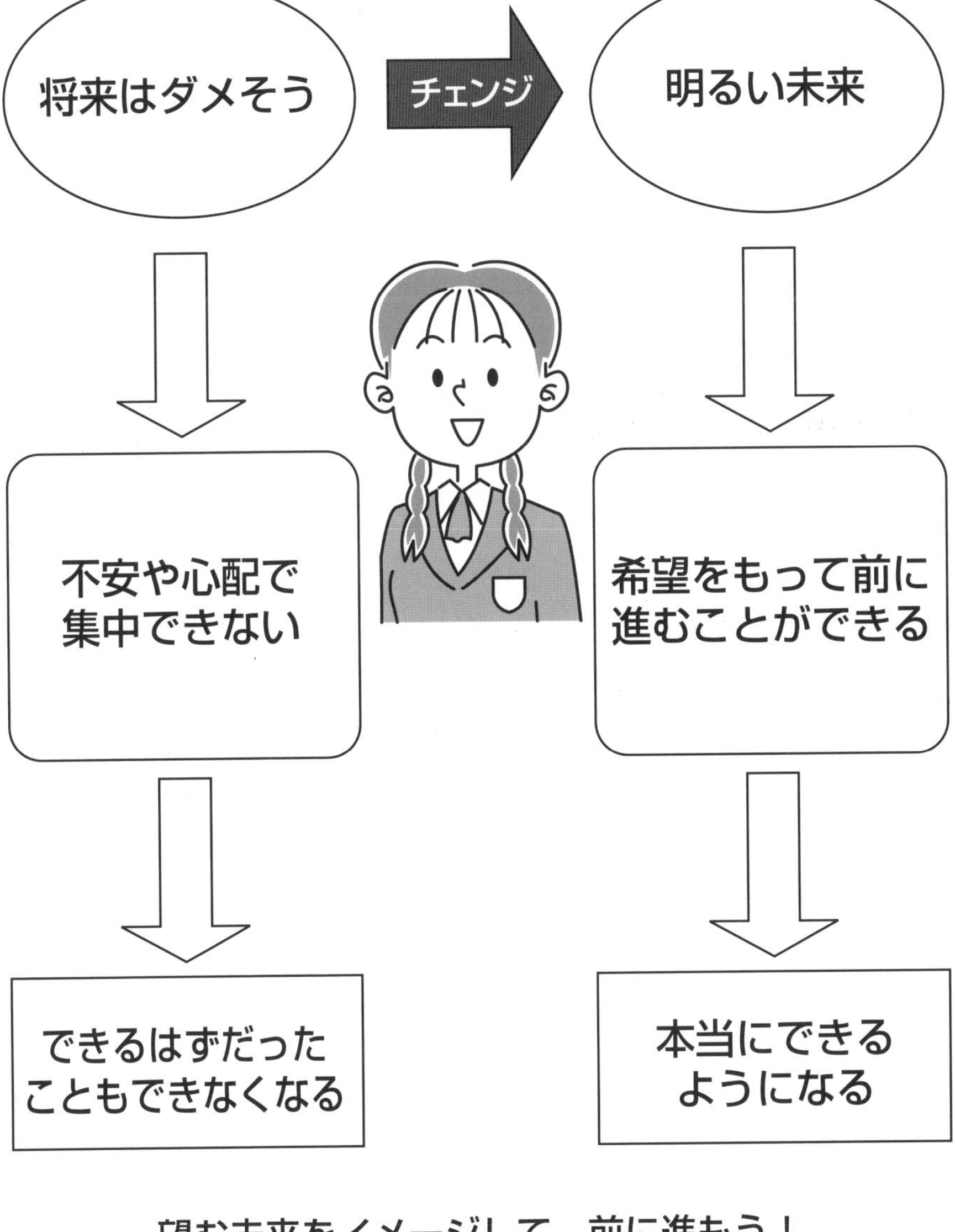
将来はダメそう
チェンジ
明るい未来
不安や心配で
集中できない
希望をもって前に
進むことができる
できるはずだった
こともできなくなる
本当にできる
ようになる

望む未来をイメージして、前に進もう！

ミラクルタイムマシン

↓「シナリオ・ミラクルタイムマシン」113ページへ

①

タイムマシンに乗って、あなたの望む未来に行きます。まずは五年後に行きます。そのときの自分は、どこで何をしていますか？

5年後のあなたは__歳
○○大学
5年後__月__日
AM or PM____ : ____

②

次は、十年後に行きます。あなたの望む十年後、自分はどこで何をしていますか？

10年後のあなたは__歳
10年後__月__日
AM or PM____ : ____

③

では、二十年後に行きます。あなたの望む二十年後、自分はどこで何をしていますか？

20年後のあなたは__歳
完成披露パーティー
20年後__月__日
AM or PM____ : ____

④

二十年後の自分から、いまの自分にメッセージをもらいましょう。

もっと自分の未来を信じて！不安に負けないでがんばって
私はそうやって乗り越えてきたんだよ

人生の10大ニュース

いまの自分は
この辺かな、
という所に印を
つけよう
自分は
何歳まで
生きると
思う?
歳
0歳

タイトル:

あなたの夢を実現
するために、いま
したほうがいいこと
を考えてみよう!

何歳ぐらいで
何をしたいのか
夢を十個書いて
これからの人生に
タイトルを
つけてみよう

私の人生の10大ニュース

歳

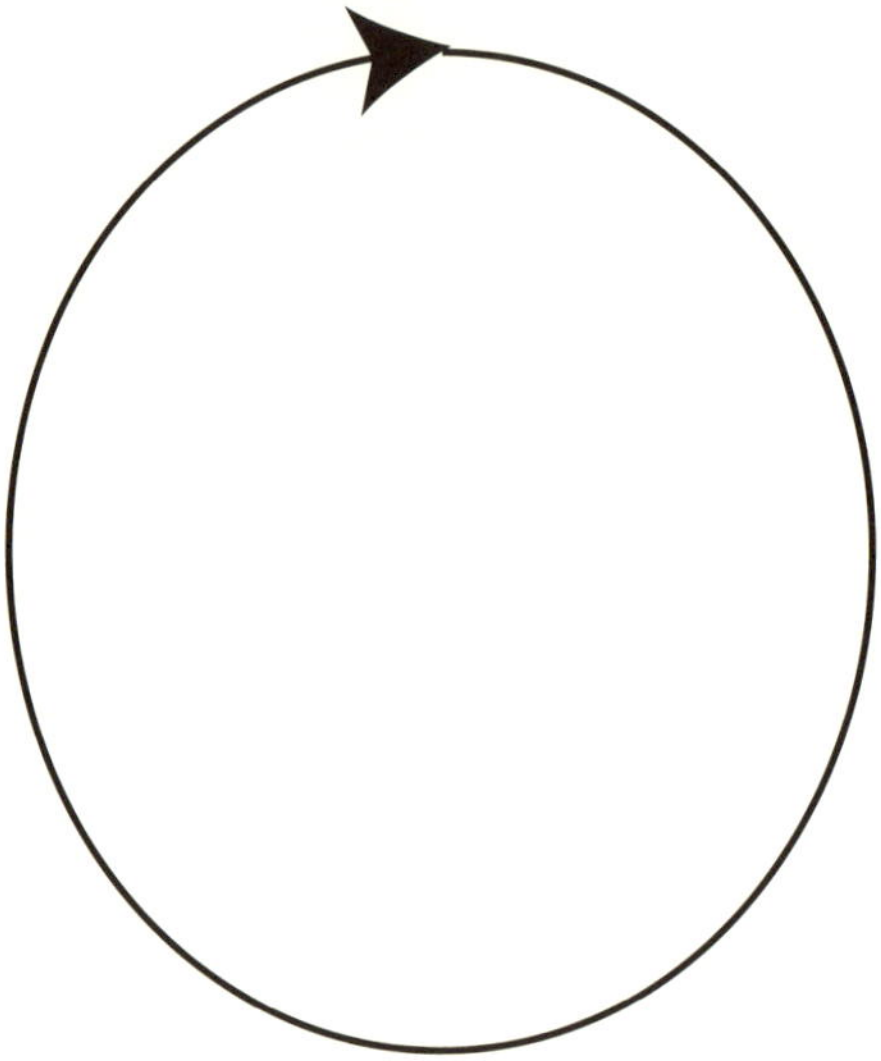

タイトル：

ちょっと一息

「むしゃくしゃ」を解消する

受験勉強中は、むしゃくしゃ、もやもやすることもあると思います。そのままにしていてもなかなか解消しないので、この方法を試してみてください。

①紙と筆記用具を用意しましょう。紙は、チラシの裏など大きめのもので、筆記用具は、クレヨンや色鉛筆など色があるとなおいいです。

②準備できたら、うまいかどうかは関係なく、とにかく心のままに落書き感覚で描いていきます。絵になっていなくていいので、思うままに手を動かしましょう。心にたまったものを吐き出すように、気が済むまで紙を代えてどんどん描きつづけます。

③描いていくと、絵が変化していきます。これでいいと気が済むまで続け、描き終えたら、絵をながめてみましょう。どのような感じがするでしょうか。

※むしゃくしゃしていた気持ちは軽減し、おだやかでやさしい気持ちになることができると思います。

この方法を使えば、周りに迷惑をかけず心をスッキリさせることができます。心を表現し向き合うことで、安心する感覚が得られます。心がスッキリしたら、また、自分の望む未来のために時間を使えるようになります。

イラスト：ムライタケシ

第5章 04

本当にできるか不安になったら

あなたは、未来をどのように思い描《えが》いていますか。

実は、未来をどのようにイメージするかで、実現する可能性が大きく変わってくるのです。いま、世界で活躍《かつやく》しているプロ野球やサッカーの選手は、中学生・高校生のころから、未来をはっきりとイメージしていたといいます。

ここでは、未来時間イメージのレベルを確認し、実現の可能性を高めるメントレを紹介《しょうかい》します。

未来時間イメージの三つのレベル

未来時間をイメージするレベルには三つの段階があります。そしてそのレベルの違《ちが》いが、夢を実現する可能性に大きく影響《えいきょう》しています。

レベル一　「すべき」
レベル二　「こうしたい」
レベル三　「きっとこうなる」

レベル一は、「すべき」と考える未来です。「こうすべきだから将来もこうしなくてはいけない」と、「すべき」だからそうするという未来です。

レベル二は、「こうしたい」という気持ちで考える未来です。「あの学校に行きたいな」「あの職業につきたいな」というように、自分の欲求に気がついていますが、自分に自信がない場合は「でも無理かも」という考えが実現の邪魔《じゃま》をします。

レベル三は、「きっとこうなるだろう」という確信をもって未来を考えるレベルです。このレベルで考えるとき、そうなるためには何が必要かを考えてどんどん準備のために行動していきます。ですから本当に実現する可能性が高くなるのです。

この三つのレベルの気持ちの違いは、日々の行動を左右し、実現の可能性にも大きな影響を与《あた》えます。ですから、本当に実現したい未来があるのなら、その未来時間イメージを「きっとこうなる」というレベルに変えることが大切です。

参考：森俊夫・黒沢幸子『解決志向ブリーフセラピー』ほんの森出版

未来時間イメージのレベルを変える

レベル1
…したくないけど…
すべき
レベル2
でもたぶん無理
こうしたい
レベル3
きっとこうなる!
「きっとこうなる!」と心の中で繰り返してみよう夢が現実のものになるよ

長嶋茂雄のエピソード

長嶋茂雄は、現役時代のころ、試合前はどうしていたかについて、次のように話しています。

「いつも試合の前はこんな風にイメージしてた。四打席全部ホームランを打ったシーンを想像するんです。ヒーローインタビューでしゃべる言葉さえイメージしちゃう」（ベースボール・マガジン社編『年がら年中　長嶋茂雄』ベースボール・マガジン社より）

二回の本塁打王、六回の首位打者に輝いた長嶋茂雄の記録は、このような強いイメージによって作り出されたのかもしれません。

ゴン中山のエピソード

ゴン中山は、大学時代、授業の合間に自分のサインの練習をしていました。友人たちは笑って見ていましたが、「必ず有名な選手になってサインする自分になる」という彼の強い信念が、ワールドカップで多くの人を感動させるプレーヤーにまでさせたのです。ひざの怪我に悩んだ時期もありましたが、「きっとこうなる」という信念がゴン中山を育てたのだと思います。

自分を見失いそうなとき

あなたは、自分の大切なものに気づいているでしょうか。自分の大切なものには、気づいているようで気づいていない場合が多いようです。でも、自分にとって本当に大切なものに気がつくと、いまの行動が変わってきます。

受験勉強においても、大切なものに気づいて勉強に取り組むのと、大切なものに気づかないで取り組むのでは、取り組み方の意味や質が違《ちが》ってきます。

ここでは、自分の大切なものに気づくためにイマジネーションの力を借りたメントレ「マジックショップ」を紹介《しょうかい》します。

選ぶことは捨てることでもある

勉強しようと思っても、いろいろな誘惑《ゆうわく》がつきまといます。見たいテレビもあるし、友達にメールだってしたいし、ゲームだって面白《おもしろ》いし、…と、なかなか勉強に集中できない人もいるでしょう。

勉強することは、テレビを見る時間や、友達とメールする時間、ゲームをする時間を削《けず》って時間をつくることでもあります。どのくらいの覚悟《かくご》で自分の大切なものを手に入れたいのか、自分で決断することが必要でしょう。

特に、受験は進路を決めるということですので、同時に二つの価値を手に入れることはむずかしいのです。自分にとって本当に大切なのはどちらなのかを、一度考えて整理してみましょう。

大切なものをみつける

何か決断しなければいけないものがあるとき、決断を後回しにすることもできますが、決断してからのほうがスッキリと取り組むことができます。しかし、どちらが自分にとって大切か、という整理ができていないと、その決断がなかなかできないのです。決断するときに、自分の価値観に気がついて、自分で納得して大切なものを選ぶと、受験にも集中して取り組むことができるようになります。

マジックショップ

↓「シナリオ・マジックショップ」114ページへ

①
Magic Shop
欲しいものは何でも手に入ります
②
ようこそマジックショップへ さて、あなたが本当に欲しいものは何ですか？
それは、　　です
③
それは、あなたにとってどんな意味がありますか？
という意味があります
あなたにとって、本当に必要なんですか？
④
あなたにとってもっとも大切なものとだけ交換できます それは何でしょうか？
それは　　です
では、探してまいりますよ
⑤
さて、ございましたよ あなたがこれを手に入れると どんなふうになるんでしょうね
ふうになります
では一番大切なものと交換しましょう。本当に交換してしまってよろしいんですか？
⑥
あなたに本当にその決意があるなら、これをお売りします
本日はご来店ありがとうございました

考案：岡野嘉宏

ちょっと一息

気持ちをよい状態に切りかえる

自分の心の状態がよくないと感じたとき、あなたはどうしていますか？　私は心の状態がよくないときに、この方法を使って気持ちを切りかえています。何の準備もいらず、すぐにできて、効果は抜群です。しかも、気分がよくなるのでおすすめです。

①深呼吸を三回します。
②次に、「いま、自分が感謝していることはなんだろう？」という質問を自分に問いかけます。そして、感謝したいことを思い出すのです。

心がよい状態にないときは、感謝することなど忘れてしまい、頭にくることやいやなことが心を占領していますが、感謝すべきことに考えを切りかえると、小さいことでも感謝していたことが思い出されます。

感謝しながらいやなことは考えられないので、このときはすでに「ありがたい」「よかった」という気持ちが引き出され、気分はよい状態になっています。

よい状態で勉強したり、将来を考えたりしたほうが、うまくいく確率も高くなります。この方法を活用して、運も味方につけてください。

イラスト：ムライタケシ

第6章 受験を成功させたいあなたへ

受験期は成績のことや友達のこと、将来のことで心が不安定になりがちです。どうやったら、心を安定させて、受験に集中できるのでしょうか。また、受験は何のためにするのでしょうか。

心を強くして、受験に克《か》つにはどうしたらいいか、考えてみましょう。

先がみえない不安に克《か》つために

「自分は本当に合格できるのか」「自分の将来はどうなるのだろう」という先のみえない不安はだれもがもっています。未来のことはわからないので、不安になることは仕方のないことです。大切なのは、不安に負けてしまうのか、不安を乗り越《こ》えていくのかということです。

「自分は精神面が弱いから、自分の将来もダメそう」と考えている人は少なくありません。「自分はこういう人間だ」という自分に対するイメージがとても低いのです。実際は、そのイメージは思い込《こ》みにしか過ぎず、もっと素晴らしい可能性をもっているのです。

自分へのイメージで行動が変わる

自分に対するイメージが低いと、行動や発言をするときにも自信がもてず、弱々しい言動を選んでしまい、低いイメージの自分そのものになってしまいます。高いイメージをもてば、それにふさわしい言動をするようになり、素晴らしい実力を発揮できるようになります。一度自分にはってしまったレッテルを見直して、本当の実力を発揮できるように、「自分とはこういう人間だ」というイメージを書きかえてほしいと思います。

あなたは素晴らしい可能性をもっています。可能性の部分に光を当てていってください。そうすれば、もっと力が発揮できるようになります。

「自分ならできる！」

自分の可能性を信じるためには、「自分ならできる！」「自分なら乗り越えられる！」と心の中で繰《く》り返し唱えることです。人のいないところでは、実際に声に出して言ってみましょう。

そうすると、不安に打ち克つ力がわいてきて、その日の言動が本当に力強いものになっていきます。毎日繰り返すと、どんどんパワーアップしていきます。数えきれないほど繰り返したある日、強い自分に生まれ変わっていることに気づくと思います。

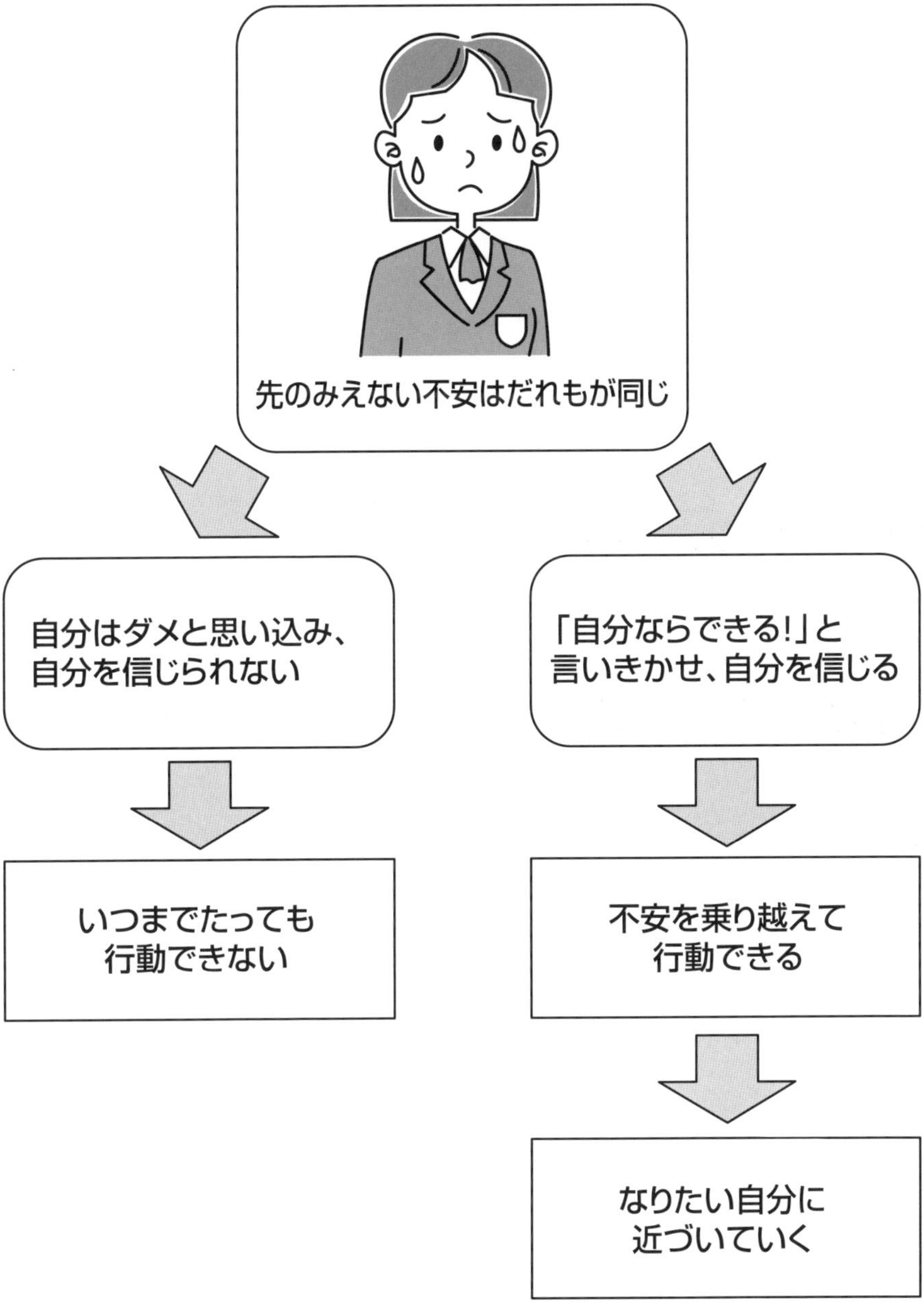
先のみえない不安はだれもが同じ
自分はダメと思い込み、自分を信じられない
いつまでたっても行動できない
「自分ならできる!」と言いきかせ、自分を信じる
不安を乗り越えて行動できる
なりたい自分に近づいていく

できると信じることで行動が変わる

未来の可能性は一つではない

「私でも幸せになれますか?」という質問を受けることがあります。「もちろん幸せになれますよ」と答えていますが、振《ふ》り返ってみると私自身も同じ疑問をもっていたことを思い出します。自分の未来に幸せなイメージをもつことができないで苦しんでいる人は多いのかもしれません。

可能性は無限にある

未来の可能性は一つではありません。無数の可能性があります。そして未来をつくっているのは、過去ではありません。現在の自分です。現在の自分が何を考え、何を決断し、何を行動していくのかという積み重ねが、未来をつくっているのです。あなたが無限の可能性のうち、どの未来を選びたいのか、その未来を手に入れるために、いま何を決断し行動していくのか、すべては自分次第《しだい》なのです。

ときにはハプニングなど、つらい出来事が起こることもありますが、そんなときも、考え方も言動も自分が選んでいるのです。その出来事のせいでつらいのではなく、その出来事をどのように受け止めるかで「つらさ」が変わってくるのです。起きてしまったことは変えられなくても、自分の考え方を変えられれば、感じ方だけではなく、未来も変えられます。

三つの未来時間イメージ

八〇ページにもあるように、「きっとこうなるに違いない」と自分の未来を鮮明《せんめい》にイメージし、実現を信じることができると、実現の可能性がとても高くなります。実現することを前提として行動しますし、そうなりやすい環境を自らもつくっていくからです。

もしあなたが、「自分は力がないからダメ」「弱い部分があるから仕方ない」とあきらめているのなら、「自分には力がある」「きっと実現できるに違《ちが》いない」と切りかえてみることをお勧《すす》めします。夢へ近づくスピードが加速していくことに気がつくでしょう。

可能性は無数にある

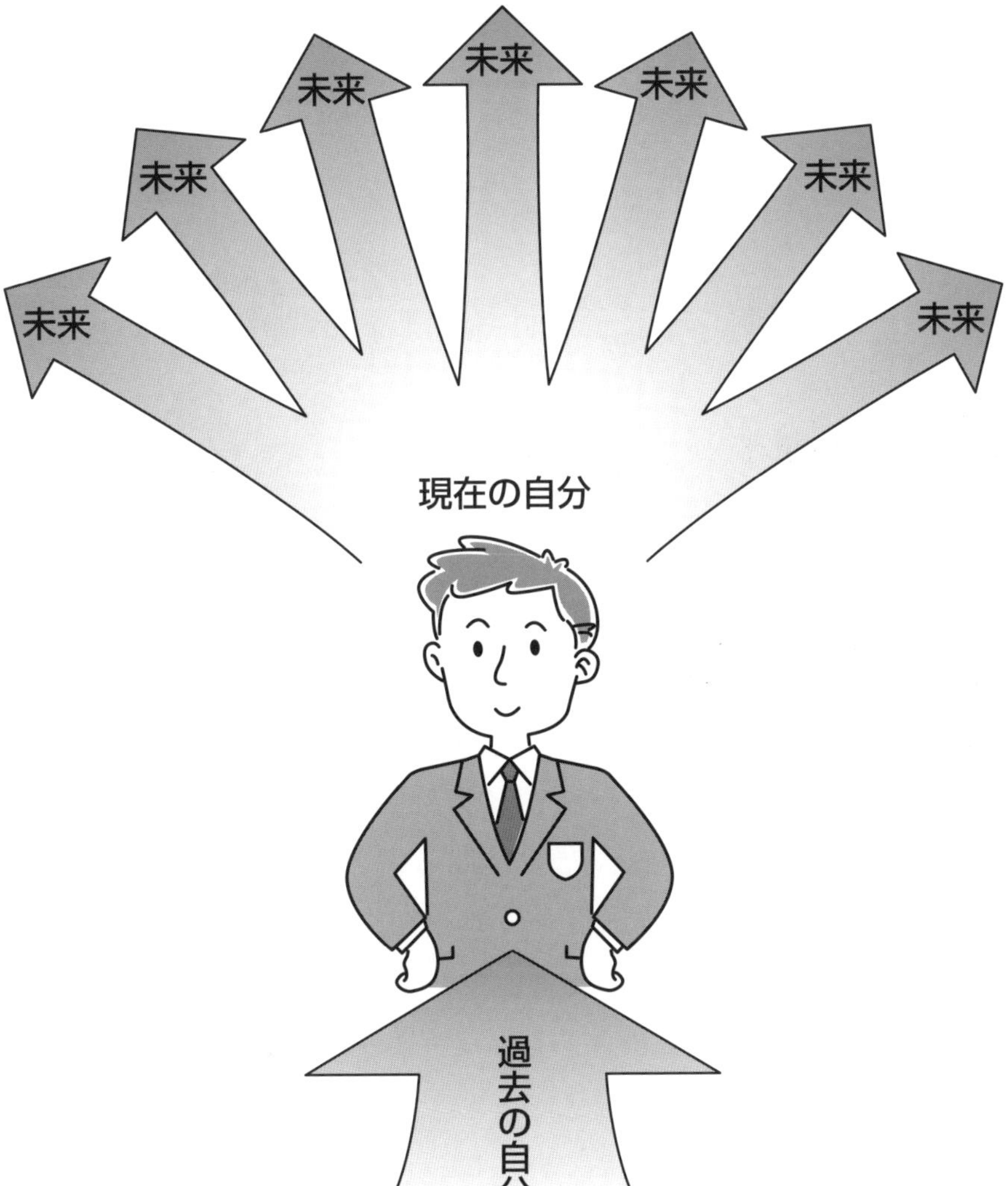
未来
未来
未来
未来
未来
未来
未来
現在の自分
過去の自分

自分で未来を選ぶことができる

第6章 03

なぜ受験勉強をするのか

「勉強や受験は何のためにするのか」が、はっきりとわからない人が多いようです。答えをひとことで言うなら「自分の可能性を広げるため」だと思います。将来の夢は色々あるでしょう。実現するには、足りないものを補う必要があります。

自分には何が必要か

自分を冷蔵庫にたとえてみます。冷蔵庫の中には、ジャガイモとたまねぎしか入っていません。

カレーを作るには、にんじんと肉が必要です。材料が多いほど、できる料理が増えます。冷蔵庫の中味は自分の持つ資源で、それで作れる料理が自分の可能性です。食材は言いかえれば知識や技術であり、それを増やすには、見聞を広げたり、勉強したり、技術やセンスを磨《みが》いたりすることが必要です。

もう一つ、いま持っている資源でできるものを作るという考え方もあります。ジャガイモとたまねぎしかなかったら、それだけでできる料理を考えます。フライにも、いため物にも、みそ汁にもできます。食べる人のニーズに合わせて料理する必要があります。これには料理の知識が必要です。カレーの作り方しか知らなかったら、ほかの料理は作れません。料理の知識は言いかえれば、社会を知ることです。社会にどんな仕事があり、どんな仕事が求められているのかを知り、勉強することが必要なのです。

自分の可能性を広げていく

自分の可能性を広げるということは、このたとえで考えることができると思います。自分はカレーになりたいのか、もっと喜ばれる素敵な何かになりたいのかを、自由に考えて選ぶことができます。その素晴らしい何かになるために、可能性を広げていくのです。そのプロセスが勉強であり、受験であり、その他のさまざまな見聞を広げることなのです。可能性が広がれば広がるほど、それに応じて夢も進化します。大きな夢を実現してほしいと思います。あなたにはその力があります。

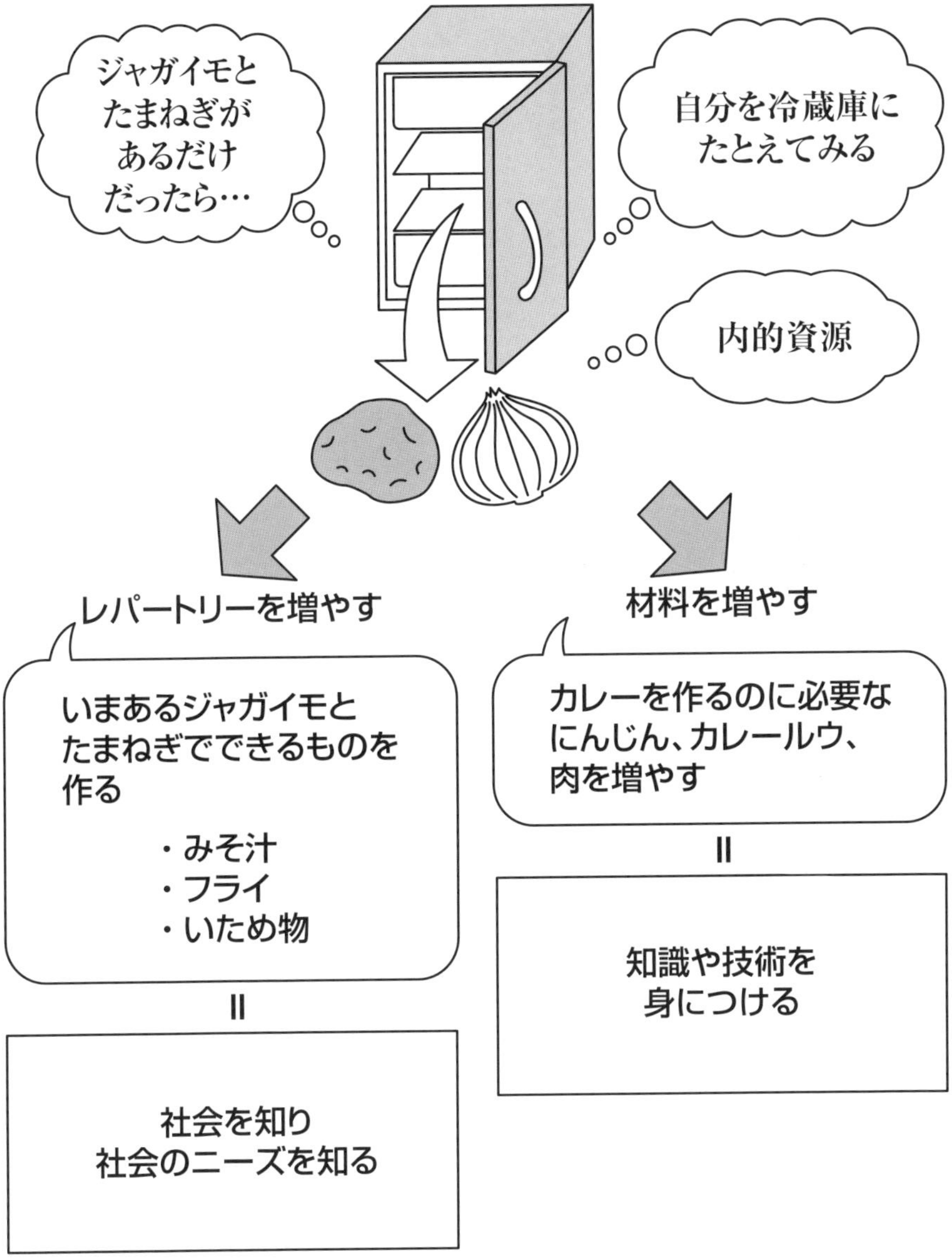
ジャガイモとたまねぎがあるだけだったら…
自分を冷蔵庫にたとえてみる
内的資源
レパートリーを増やす
いまあるジャガイモとたまねぎでできるものを作る
・みそ汁
・フライ
・いため物
社会を知り社会のニーズを知る
材料を増やす
カレーを作るのに必要なにんじん、カレールウ、肉を増やす
知識や技術を身につける

自分の可能性を広げよう

心はだれでも強くできる

自分の心の弱さを感じている人が多いのに驚《おどろ》くことがあります。人のことはそうはみえないのですが、自分の心は弱いと感じてしまうのです。私自身も、以前は心の弱さにとても悩《なや》んでいました。心が弱い自分は「ダメな人間だ」と思い込《こ》んでいました。

心はコントロールできる

心は毎日そのときどきの影響《えいきょう》を受けています。いつもよい状態でいられればいいのですが、悪い状態が続くと、いつまでこんな気分が続くのかとうんざりしたり、不安になったり、落ち込んだり、悲しくなったり、自分がいやになったり、苦しくなったりするでしょう。けれど、心の仕組みを理解して、心とうまくつき合うスキルを身につけると、不安から解放され、自分の心に自信がもてるようになります。「どうやって心を切りかえ、よい状態に保つことができるのか」多くの人が方法を知らずに、出来事や感情に振《ふ》り回されて生きています。しかし、その方法を知っていれば、自分の意思でコントロールできるようになります。

メンタルスキルを身につける

多くの人が心を強くしたいと願っていますが、「我慢《がまん》しろ」「がんばれ」「努力しろ」という言葉は聞かされても、具体的に心を強くする方法を教えてもらうことはなかなかないと思います。この本を活用して心のスキルを身につけてほしいと思います。

苦しいときや困ったときには、ここで紹介《しょうかい》した心のスキルを役立てて乗り越《こ》えてください。このプログラムを活用すれば、心をどんどん強くしていくことができます。全部やる必要はありません。必要なときに必要なプログラムを選んでやってみてください。受験だけでなく、日常のあらゆる場面で活用できます。実践していく中で少しずつ、心を安定させたり、夢を実現するパワーを手に入れたりしてほしいと思います。

いまは弱い心でも
メンタルスキルを身につけ、
自分の意思で心をコントロールできる
なりたい自分になることができる

第6章 05

逆境こそ成長のチャンス

受験勉強は多くの人にとってそんなに楽しいものではないと思います。しかし、見方を変えれば、苦しい中にどれだけ楽しさをみつけることができるかということを学ぶチャンスでもあります。

幸せになるためのひけつ

生きていく中には、「やりたくないけれどもやらなくてはならないこと」がたくさんあると思います。それらは「やらないで逃《に》げる」ことも、「いやだけど仕方ないからやる」ことも、「自分なりの楽しさをみつけて楽しく取り組む」こともできるのです。この三通りのパターンは、その後の人生も大きく左右します。

幸せになるためのひけつがあるとしたら、この三つめのパターンを身につけるということだと思います。苦しさの中にも楽しみを見つけられる人は、どんなときでも幸せになる力をもっています。ですから、受験も幸せになるためのパターンを身につけるチャンスにしてほしいと思います。

本物は場所を選ばない

受験をするときには、いまの自分の環境や境遇《きょうぐう》も気になるものです。だれもが受験に有利な境遇にあればいいのですが、必ずしもそうではありません。受験する環境も、受験後の環境も確かに大きな要因であると思います。

しかし、大切なことは、逆境をあきらめや逃げるための言い訳にするのではなく、どこにいても自分自身が「本物になること」です。「本物になる」とは、どこにいても輝《かがや》くことができる力を身につけるということです。「本物になる」ことに集中すれば、余計なことに目を奪《うば》われて右往左往することもなくなります。逆境に負けそうになったときは、「自分は、どこにいても輝ける力を身につけて本物になるんだ」ということを思い出してください。

がんばっているのに〜!
20
逆境であっても　やりたくないことでも
その中に自分なりの楽しさをみつける気持ちの切りかえ
よーし自分に挑戦だ!
合格
人生を豊かに生きる知恵を学ぶ機会に

受験というハードルを飛び越《こ》える

受験のときにはそれだけで頭がいっぱいになってしまいますが、受験は一つのハードルにすぎません。本当に大切なのは、受験というハードルの先にある、自分の望む人生を手に入れることです。受験はゴールではなく、スタートなのです。

最近は、大学四年生になっても、大学を卒業してからも、自分の将来を決められない人が増えてきました。また、仕事を選ぶときに自分への自信がもてなくて苦しんでいる人も増えています。

私が出会ったある学生は、大学の教育学部の四年生でしたが、自分が本当に教師になっていいのか、とても悩《なや》んでいました。教師という仕事が自分にとってベストの仕事なのかわからないという不安と、『～もできない自分』が教師になっていいのか」と自信がもてずに悩んでいたのです。

自分の将来については大学四年になってから悩むのではなく、高校受験や大学受験など、進路を決める時点までに、ある程度考えて選び、進学すればよいのですが、学校では、なかなか自分の将来の仕事について考えたりする機会がありません。そして、気がついたら就職間近になって慌《あわ》ててしまうようです。

あなたの夢は何ですか?

この質問は金八先生が三年B組の生徒たちに聞いていた質問です。自分自身に問いかけてみてください。

あなたの夢は何ですか?

私の夢は、

夢が明確になっていると、逆境や困難に出会ったときも、それを乗り越える力となり、前に進むための道しるべともなります。まだ自分の夢がみつかっていない人も、メンタルトレーニングを活用して、自分が本当に手に入れたい夢をみつけてください。

心を変えれば、未来が変わる

受験は一つの困難でもあると思いますが、この困難を乗り越えるために、「どのような力を身につけて成長するか」が、重要な意味をもちます。成長して大人になっていくことは、困難を乗り越える力を身につけていくプロセスでもあります。

生きていくうえでは、避《さ》けて通れない困難があります。でも、私たちはだれもが、知恵と無限の可能性をもっています。その知恵と無限の可能性を活用するために、メンタルトレーニングを役立ててほしいのです。

困難な問題を回避《かいひ》することはできなくても、あなたが手に入れた「メンタルスキル」は、あなたの心のもちようを変えてくれます。心のもちようが変われば、困難の感じ方も、乗り越えるパワーも変えていくことができます。自分の未来は、自分の心がつくっていくのです。ぜひ素晴らしい未来を手に入れてください。

どんな困難に出会っても、大切なのは心の受け止め方
心を切りかえて、望む未来を手に入れよう！

ちょっと一息

▼ストレス解消には部屋の片づけ

受験勉強に追われていると、ついつい片づけを後回しにしてだんだん部屋が散らかっていく人もいると思います。部屋の状態は心の状態を映しています。部屋が散らかったままで、心だけスッキリしようと思っても無理です。視覚的にもストレスを生み出してしまいます。まとまった時間をとるのが無理なら、小さいエリアを決めて（例えば机の上だけなど）一日一つのエリアを気分転換に整理してみてはどうでしょう。

①一度に全部がんばるなんて高い目標ではなく、最低この中だけというように、今日片づけるエリアを決めます。

②勉強の気分転換に、時間を区切って、十五分くらいの時間を目安に整理しましょう。

③部屋の中が全部片づいたところをイメージしてください。きっと心もスッキリすると思います。「自分の心をスッキリさせるために整理する」と言ってください。

※無理せず、毎日少しずつやることがポイントです。

イラスト：ムライタケシ

第7章 指導者への手引き

この章では、メンタルトレーニングを受験指導に活用するうえで、ぜひ押さえておきたい指導者の姿勢について説明します。

指導者がどのような姿勢でメントレに取り組むかで、成功度が変わってきます。

第7章 01

やる気を引き出す指導とは

どのような指導が子どもたちのやる気を引き出すのでしょうか。指導者は、子どもたちの可能性を信じて接するタイプAの指導者と、「あれは無理、それはよくない。ああしろこうしろ」というタイプBの指導者の二通りに分けられると思います。Aの指導者に接すると、子どもたちは自分の可能性を信じる勇気を得ます。自分の将来に対して希望をもてるようになり、がんばろうという気持ちがわいてきます。Bの指導者に接すると、やる気はなえ、将来にも希望をもてず、生きることが楽しくなくなってしまいます。

子どものためを思っているのは同じでも、指導者の何気ない言葉が、子どもたちに、将来の可能性を信じられなくなるように働くこともあるようです。自分の可能性を信じられる言葉かけ、やる気を引き出すポイントはそこにあるといえるでしょう。

やる気を出すために必要なことは

一見、やる気がなさそうに見える子どもでさえ、やる気をもって取り組みたいと思っています。しかし、どうしたらやる気をもてるのかわからないのです。その子どもたちに「やる気をもって取り組め」と言うだけでは、変わることはむずかしいでしょう。

自分のこととして考えてみれば、やる気が出せるときとは、「こうなりたい」という目標が明確になっており「そうなれるんだ」という可能性を信じられるときではないでしょうか。そして、目標に向かって進んでいることを評価され、自分でも確認できたら、どんどんやる気がでてくると思います。大切なのは、この循環が生じる環境を整えることです。

この本で紹介したメンタルトレーニングは、この環境を整えるためのものです。

タイプA
君ならできるよ
相手の可能性を信じて接する
勇気につながる
やる気がわいてくる
希望がもてる

タイプB
無理だよ
相手の可能性を信じていない
何をしても楽しくない
やる気がなえる
希望がもてない

心のポジションでやる気を引き出す

指導者としてもう一つ大切な要素は、自分の心のポジションをいかにコントロールしていくかということだと思います。心のポジションは目に見えないものですが、相手の感情ややる気に大きく影響を与えます。同じ内容の言葉かけをしても、心のポジションがどこにあるかで、相手への伝わり方が大きく変わってくるのです。ですから、何を言うかということよりも、どの心のポジションで言うかが大切になります。心理学者のE・バーンによると、心には四つのポジションがあり、どのポジションで接するかで、相手のポジションも行ったり来たりしているといいます。

四つのポジション

一つ目のポジションは、自分のことも相手のことも受け入れ認めています。このとき、相手も自分も喜びを感じることが多く、やる気も出てきて生産的な考えや行動をしやすくなります。

二つ目のポジションは、相手のことは認めているけれども、自分のことは認められません。「自分なんてどうせダメ」と、悲しみや不安、劣等感をもって接するので、相手にもいい影響を与えません。

三つ目のポジションは、自分は認めているけれど、相手を認められません。相手の未熟さや間違いばかりが気になり、指摘したくなります。また、イライラや怒りを感じやすくなります。相手は「自分はダメなんだ」という劣等感や怒りを感じます。

四つ目のポジションは、自分も認められないし、相手や周囲に絶望しています。無力感やあきらめを感じ、相手の希望も奪ってしまいます。

やる気を引き出す心のポジション

指導者がどのポジションで接するかということは、子どもたちのやる気にも直接的に影響していきます。相手の気持ちをいい状態にしてやる気を高めていくためには、やはり自分も相手も認めるポジションにいることが大切なのです。

相手を認めている
相手を正しいと思う
・消極的
・劣等感
・自信をもたない
・責任回避
自分の力不足で申し訳ない
不安、罪悪感
悲しみ
恐れ
逃げてゆくポジション
・健康的な人
・建設的
・発展的
・寛容
・信頼
・自己実現
やればきっとできるよ！
喜び
充実感
健全なポジション
自分をいつも認めていない
自分を間違っていると思う
自分をいつも認めている
自分を正しいと思う
・あきらめ
・無気力
どうせダメだろう…
無感情
絶望
絶望のポジション
・偏見が強い
・独裁的
・ワンマン
・ひとりよがり
こんなこともできないのか
怒り
イライラ
焦り
相手をやっつけるポジション
相手を認めていない
相手を間違っていると思う

最高の動機づけとは

子どもたちに勉強する動機づけをしたいと思うなら、ストローク（相手を認める働きかけ）をしていくことが大切です。本物のストロークに出会うと、人は劇的な変化を遂げることができます。

指導者がストロークを上手に出すことができるようになると、子どもたちのやる気はどんどん高まります。ストロークは相手を認める働きかけであり、心の栄養になります。心に栄養がいきわたるようになると、肯定的なものの見方や考え方もできるようになり、自分の将来に対して明るい見通しをもつことができるようになるからです。

具体的にはどのようなことがストロークなのかというと、声をかけたり、見たりすることや、話を聞く、相談にのる、信頼するなど精神的なもの、スキンシップなどの肉体的なものがあります。受験指導では精神的なストロークがより効果的です。相手が一番求めているストロークを、ターゲットストロークといいます。このターゲットストロークをもらうと、感動して言葉にはならない素晴らしい感覚を味わうことができます。そして、爆発的なエネルギーがわいてきます。

子どもたちに接していると、ほとんどの子どもたちはストロークが足りていないようです。ですから、心が栄養失調になっていて、悲観的になったり、否定的になったり、自分のよいところをみつけられなかったりして苦しんでいます。心の栄養がいきわたらないのにはわけがあります。

それは、自分を認めたらうぬぼれてしまってこれ以上は伸びないのではないかという不安と、常に人と比べて劣る部分に目がいくことです。子どもたちの呪縛をとく必要があります。指導者にも、多少のことではほめてはいけないと思っている人もいるようです。この循環を断ち切らないと子どもたちの心に栄養はいきわたらず、否定的な考えをもち苦しいままで、本当のやる気はでてきません。ストロークを使って本当のやる気を引き出してあげてください。

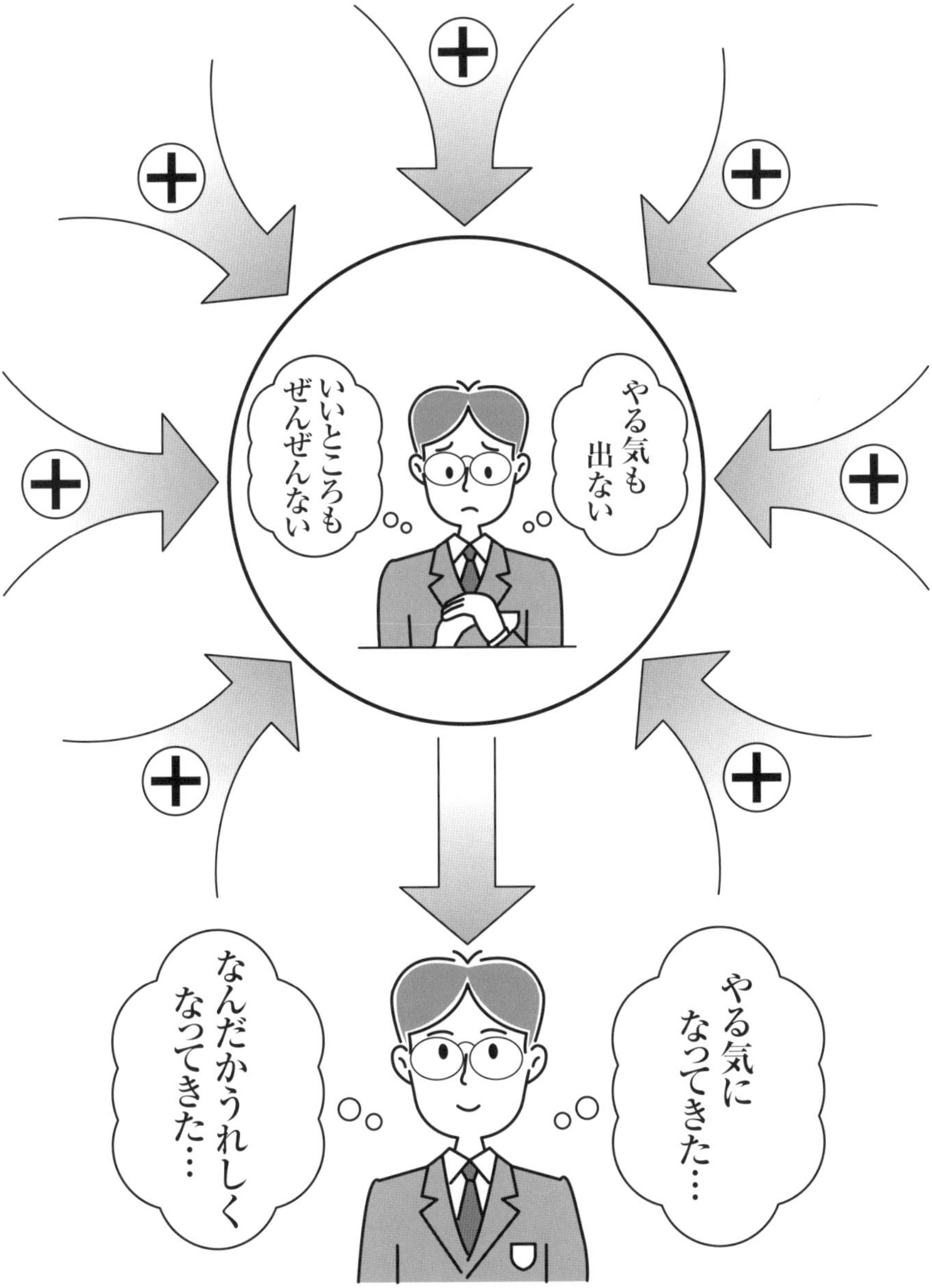

ストロークで心に栄養を与える

子どもたちの心に届く言葉とは

同じ言葉でも、ある人の言うことは素直に聞けるけど、ある人の言うことは正しいとわかっていても聞き入れたくないということがあります。子どもたちの心に届くように話をするにはどうしたらいいのでしょうか。

コミュニケーションは双方向

大切なことは、コミュニケーションは双方向で成り立っているということです。話を聞いてもらうには、まず相手の話を聞くことです。だれでも話を聞くだけの時間は苦痛なものです。双方向で話を楽しむように展開すれば、話を聞いてもらうことができます。一対少人数なら、発問して一人一人に答えてもらうことができますが、一対多人数でもそれを可能にするのが赤青カードです。

例えば「心が及ぼす影響について考えたことがある人は青いカードを、考えたことがない人は赤いカードを、どちらかわからない人は両方のカードをあげてください」と一人一人が意思表示をできるようにカードを使います。カードはどれをあげても間違いではなく、一人一人の意思表示を大切にします。そして、カードをあげてくれたことに対して感謝し、その意思表示を受けて対話をし、自分の意見を伝えていくという進め方ができます。

話を聞く状態をつくる

このカードのいいところは、双方向のコミュニケーションができるだけではなく、答える必要があるので必然的に話を聞く状態がつくれることと、自分が言ったことを子どもたちがどのくらい理解を示しているのか一目でわかることにあります。

大切なのは、発問でまず一人一人に考えさせて意思表示させ、それを否定せず受け取ってから、自分の考えを伝えるという流れです。一方的に考えを押しつけられると受け取りにくいものですが、一度自分の考えを受け取ってもらってからだと、安心して相手の話を聞く態勢が整うようになります。

伝えたい内容
発問して
考えてもらい
赤青カードで
意思表示、
否定せず受け取る
一方的に話す
安心して
聞く態勢ができる
伝わらない
話が心に届く

話を聞いてもらうことで
相手の話を受け入れる態勢ができる

夢をもつと子どもは変わる

精神分析学者のE・フロムは、「代償的破壊性を治療する唯一の方法は、人間の内部に存在する創造のポテンシィ（潜在力）、つまり彼の人間的な力を生産的に利用しうる能力を発達させることである」と述べています。いじめや暴力など、現代生活のストレスに起因するさまざまな攻撃的・破壊的エネルギーには、「人間的な力を生産的に利用する」ことで対応できるということだと思います。教育の中では、自らの夢を育むことによって、人間的な力を生産的に導くことができるといえるでしょう。

夢をみつけ希望をもって取り組むとき、すべてのエネルギーが夢に向かって集約していきます。いままでばらばらだったものが、夢という目標ができることで、意味のあるものに変化するのです。学ぶだけでなくどんなことをしているときにも、夢という目標の実現に向けてアンテナが立っているので、有意義に時間を過ごすことができるのです。

実際に子どもたちに、ここで紹介したメンタルトレーニングの手法を用いて夢をみつける援助をしていくと、劇的に変わっていくのがわかります。気持ちが変わり、取り組み方が変わり、時間の使い方が変わり、その結果、問題行動も減少するのです。受験勉強でむしゃくしゃするのではなく、自分の夢を実現するために喜んで取り組むようになります。

夢への障害を取り除く

子どもたちを夢や希望から遠ざけているものは、「自分にはどうせできっこない」というあきらめと、自分の夢をみつける方法を知らないことだと思います。メンタルトレーニングには、自分の夢をみつける具体的なプログラムがあります。また、自分の心をコントロールするスキルを身につけることができるので、自分の心は弱いと思ってあきらめていた部分を、自らの意思で強くしながら、「自分だってできるかもしれない」と思えるようになっていきます。夢や希望の妨げとなっている思い込みを取り除いていってください。

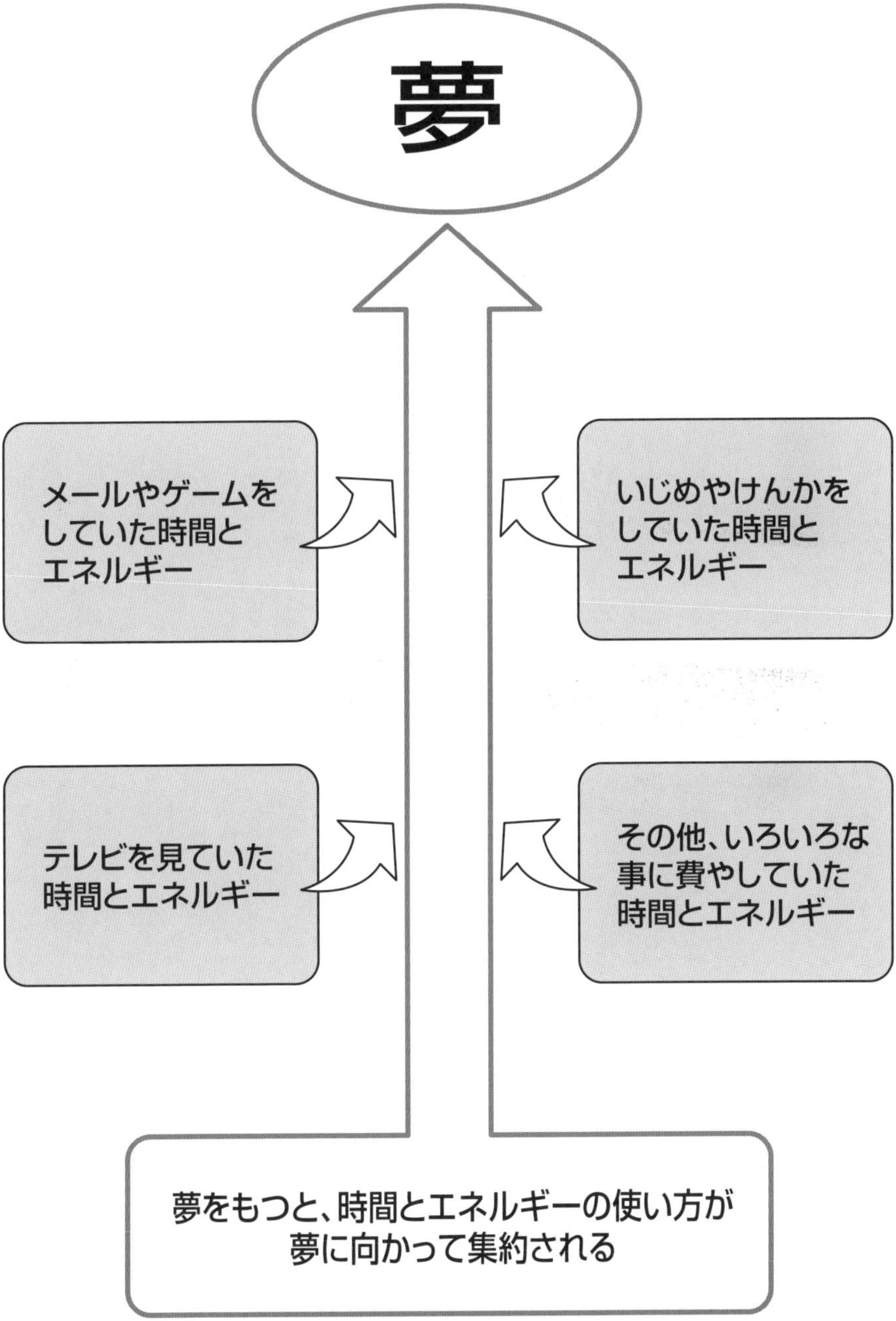
夢
メールやゲームを
していた時間と
エネルギー
いじめやけんかを
していた時間と
エネルギー
テレビを見ていた
時間とエネルギー
その他、いろいろな
事に費やしていた
時間とエネルギー
夢をもつと、時間とエネルギーの使い方が
夢に向かって集約される

06 受験は生きる力を育てるチャンス

受験指導というとどうしても「出口指導」になってしまうのが現状ではないでしょうか。しかし、その先がみえない子どもたちが多いようです。将来のことを決定するのには時間がかかるものです。しかも、将来のことを考えるチャンスがなければ、いつまでたっても決定する準備は整いません。かといって、身近な職業を調べたり体験したりするだけでは、自分は何に向いていて、何がしたいと思っているのかということまではわからないものです。

「ニート」とか「キャリア教育」という言葉が盛んに使われるようになりましたが、実際には「具体的にはどのような指導をしたらいいのか」という部分が立ち遅れているように思います。現場の先生方には具体的なプログラムを見つけることに苦労されている方も多いようです。

たくましく生きぬくスキルを身につける

私は、受験こそ将来を考えるための絶好のチャンスだと思っています。漠然としか考えていない自分の将来を具体的に考え、将来はどうなっていきたいのかという自分のビジョンにピントを絞っていく機会として活用するチャンスです。この機会に、本当に求めている「なりたい自分」をみつけ、自分の将来の目標を具体的にしていき、目標に向かって生きていくためのエネルギーを充電して、障害を乗り越えていく術を身につけてほしいと考えてメンタルトレーニングを開発しました。

どんな人でも、夢と希望をもっていきいきと生きていけるスキルを、メンタルトレーニングによって身につけてほしいと願っています。

現場の指導者の方が、ここに紹介した内容を活用して、一人でも多くの子どもたちが、「なりたい自分」という夢をみつけ、「なりたい自分にはなれる」という希望をもって、その夢を実現しようと思える環境づくりと援助に役立ててくださることを祈っています。

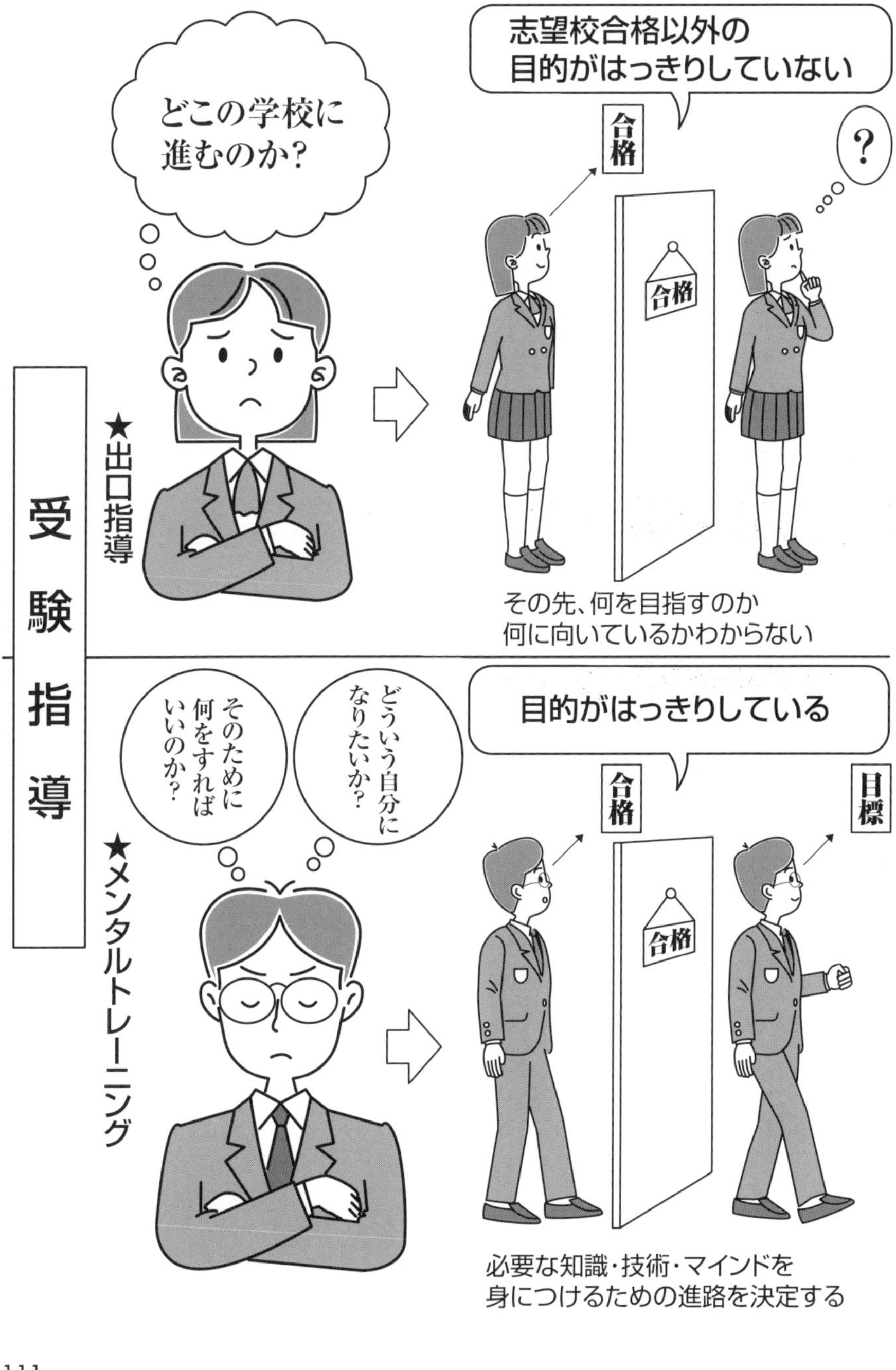
受験指導
★出口指導
どこの学校に進むのか?
志望校合格以外の目的がはっきりしていない
合格
?
その先、何を目指すのか
何に向いているかわからない
★メンタルトレーニング
どういう自分になりたいか?
そのために何をすればいいのか?
目的がはっきりしている
合格
目標
必要な知識・技術・マインドを
身につけるための進路を決定する

ちょっと一息

人と比べて悩んでいませんか?

受験は成績や内申書など、人と比べて自分の位置を確認することもありますが、それは時として、悩みを引き起こしてしまうようです。進路の相談を聞いていると、「人に比べて自分は~が劣る」という見方をして悩んでいることが多いのです。人と比べると、自分のことを不幸に感じることが多いように思います。

「隣の芝は青く見える」といいます。受験の時期には特に人と比べることに過敏になってしまうようです。比べるなら、人ではなくて、昨日の自分と比べてみましょう。昨日の自分ではあまり成長が確認できないと思ったら、いつでもいいので、過去の自分と比べてみましょう。少しでも成長している自分に気がつくことができたら、幸せだと思いませんか。

私も以前は、いつも自分と人を比べてばかりいました。いま振り返ると、人と比べているときは、相手を認めることができなかったように思います。人をうらやんだり、人に勝てない自分に落ち込んだりすることもありました。

どちらの能力が上か、ステータスが上か、どちらが幸せを手に入れたのかということで一喜一憂するより、人間として測ることのできない自分の価値をもっと認めていいのだと思います。

受験は人との競争ですが、心の豊かさを失わないで「幸せ」でいるために、気がついたら人と比べることをやめてみてください。

イラスト:ムライタケシ

第五章03・七六ページ

シナリオ・ミラクルタイムマシン

いまからタイムマシンに乗って自分の未来を旅してみたいと思います。「自分の望んでいる未来」ならどんな未来へも連れて行ってくれる不思議なタイムマシンです。目を閉じてイメージしてみてください。みんなでタイムマシンに乗り込みましょう。シートベルトをしめて出発です。

まず、五年後にとんでみましょう。みなさんは何歳になっているでしょう。五年後の何月何日の何時ごろにとぶのかは自分で決めてください。(間) 決まりましたか? 決まった人は手をあげてください。準備ができたら出発します。

自分の望んでいる五年後の未来に着いた人から着陸してください。そして辺りを見回してください。どんな景色で、何が見えるでしょうか。どんな生活をしているでしょう。自分は何をしているでしょうか。周りにはどんな人がいて何をしているでしょうか。どんな表情で、だれにどんなことを言っているでしょう。そのときの感じは、どんな感じでしょう。(間)

そこに見えるものを目に焼きつけて、次は、自分の望んでいる十年後にとんでいきましょう。十年後、みなさんは何歳になっているでしょう。自分の望んでいる十年後の未来に着いた人から着陸してください。そして辺りを見回してください。どんな生活をしているでしょう。そこはどんな景色で、何が見えるでしょうか。周りにはどんな人がいて何をしているでしょうか。どんな表情で、だれにどんなことを言っているでしょう。そのときの感じは、どんな感じでしょう。(間)

そこに見えるものを目に焼きつけて、次は、自分の望んでいる二十年後にとんでいきましょう。二十年後、みなさんは何歳になっているでしょう。自分の望んでいる二十年後の未来に着いた人から着陸してください。そして辺りを見回してください。どんな生活をしているでしょう。そこはどんな景色で、何が見えるでしょうか。自分は何をしているでしょうか。周りにはどんな人がいて何をしているでしょうか。どんな表情で、だれにどんなことを言っているでしょう。そのときの感じは、どんな感じでしょう。じっくりと、自分とその周りを観察してみましょう。(間)

そこに見えるものを目に焼きつけて、そのときの感覚を体で十分感じてください。それでは次に二十年後の自分からいまの自分に向かって何かひとことメッセージをもらいましょう。二十年後の自分はいまの自分に、何と言っているでしょうか? (間)、メッセージを受け取れたら深呼吸をして、いまここに帰ってきてください。準備ができた人から目を開けてください。

いまイメージした世界を紙に書いてみましょう。

第五章05・八三ページ

シナリオ・マジックショップ

これは魔法の切符です。これからみなさんを素敵な街にご招待します。それでは目を閉じてください。

その街へは乗り物に乗っていかないといけません。みなさんは、空港に行って、小さなジェット機に乗り込みました。座席に座りシートベルトをしめると、エンジンが入り、ベルトをしめるサインがついて、いよいよ飛行機が動き始めます。滑走路をゆっくり動いています。だんだんスピードも速くなり、離陸して一気に急上昇していきます。しばらくの間急上昇したと思ったら、水平飛行に移りました。もう、ベルトは外してもよさそうです。

窓の下には、海が見えます。水面が太陽の光を反射してきらきらと輝いています。しばらく行くと、港町が見えてきました。小さな家や丘や教会がかすかに見えます。畑や草原も見えます。さらに行くと、前方に大きな雲が現れ、飛行機はその雲の中に突入しました。機体が左右に揺れています。ドスン、ドスン、ドスン…。ようやく揺れもおさまり、窓の下に小さな空港が見えてきました。

小型のジェット機は着陸態勢に入りました。ベルトをしめるサインがつき、だんだん高度が下がってきました。滑走路に近づいて…いま飛行機が着陸しました。次第にスピードも弱まり、飛行機は無事停止しました。

では、ここで特別の空飛ぶじゅうたんに乗り込んでもらいます。そのじゅうたんは、毛足も長くふかふかで、えんじ色に金色の糸で刺しゅうがしてある高級なペルシャじゅうたんです。みなさんが乗りましたら、ただちに出発します。じゅうたんは垂直に上昇したかと思うと、すごいスピードで前方へ進み始めました。しばらくすると、砂漠の上空まで来ました。もうしばらく行くと、砂漠の中にとある街が見えてきました。じゅうたんは、音もなくサーッとその街へ着陸しました。じゅうたんを降りて街並みを散策してみましょう。

石畳の細い道をくねくねと曲がって歩いていくと、いくつかのお店がつらなっていました。お店をのぞきながら歩いていくと、そこには「マジックショップ」という看板の不思議なお店がありました。中をのぞくと、おばあさんがロッキングチェアに座ってうとうとしているのが見えます。のぞいてみると、店の中にはこう書いてあります。「**あなたの欲しいものは、何でも手に入れることができます。お気軽にどうぞ**」

ただし、このお店のドアを開けて入る人は、本当に欲しいものを手に入れたい人に限られています。**あなたが本当に手に入れたいものは何でしょう**。少し考えてみてください。手に入れたいものがみつかった人は目を閉じたまま、手をあげてください。それでは、いまから手に入れたいものを買いにお店の中に入ります。

あなたは、重いガラスのドアを開けました。そして言います。**あなたが欲しいものを、お店のおばあさんに告げてください。**

おばあさんがあなたに言っています。

「あなたにとって、それはどんな意味がありますか？」

さて、あなたは何と答えていますか？

おばあさんは次の質問をしています。

「あなたにとって、それは本当に必要なんですか？」

あなたは、何と答えるでしょう？

「でも、ここではお金では交換しません。**あなたがいままでとても大切にしてきたものとだけ交換することができます。**それでは、ちょっと待っていてください。探してまいります」

「ございました。ございました。あなたのおっしゃる通りのものがございました。**あなたがこれを手に入れて帰ると、どんなふうになってるんでしょうね？」**

「さあ、それではお売りいたしましょう。それではあなたのもっとも大切なものをお渡しください。さあ、**あなたはこれを何と交換してくれるのですか？　本当にこれと交換して置いていってしまっていいんですか？」**

「あなたにその決意が本当にあるのなら、あなたにこれをお売りします。さあお持ち帰りください」

（命や家族など交換できないものを考えた人は、同じくらい大切な交換できるものを考えてみてください）

あなたの中で、買い物が終わりましたら、ゆっくりここへ戻ってきてください。

それでは、目を開けていまどんなことが起こったのか、どんな感じがしているのか周りの人と話し合ってください。

いま体験したのは、ファンタジーという手法を使った再決断療法です。あることを決断する、または手に入れることは、ある価値を捨てることです。それをファンタジーを使って体験しました。本当に欲しかったものは見つかりましたか。それを手に入れるために捨てなければならなかったものは何だったでしょうか。

ここでのもう一つの意味は、いまあるものの価値の再認識でもあります。本当は大切なものなのに、その大切さを感じていないものがあるかもしれません。捨てなければいけないと思うとその価値がもう一度確認できます。

今日の体験をもう一度振り返ってみましょう。

本当に手に入れたかったものはなんだったでしょう。

大切だったものはなんだったでしょう。

これで、マジックショップは閉店いたします。

考案：岡野嘉宏

価値分析カード

安定	自由	偉大	快適
信用する	夢をもつ	チャンス	売り込む
成果を重視する	新しさを求める	技術を高める	人の気持ちを理解する
地位を得る	未来を大切にする	多少リスクはあってもチャレンジする	リスクはなるべく避ける
社会	成長	感性に訴える	都会
ロマン	一番乗り	家族	ふれあう
満足を与える	自分を表現する	人を支援する	自由にふるまう
ユニークな発想をする	お金	友人	外で動き回る
現在を大切にする	ボランティア	学び続ける	平凡
モノを直す・修理する	革新	サービスする	変化

※このページを切りとって使って下さい。

常に探求する	チャレンジ	いまあるものを 破壊する	堅実
部屋の中で 考える	まとめ役を 引き受ける	冒険	孤独
草原	漂流	漁師	芸術
農夫	狩人	遊牧民	バランスを 大切にする
基本に対して 忠実である	問題を発見する	過去を 大切にする	意味を求める
探索	創造	地道	上昇
権利	伝統	独立	組み立てる
すぐにやって のける	自然	容認する	コツコツやる
地位	雄大	自分	満足を得る
雰囲気作りを 大切にする	信用される	のんびり	育てる

考案：宮城まり子

おわりに

この本を、多くの受験生と受験生を支えている指導者の方々、受験以外でも自分の将来に悩んでいる方々に贈ります。いろいろな問題を乗り越えて、悩みを自分で解決するための「メンタルスキル」を、多くの人に身につけてほしいと思い、この本を書きました。生きていくことは、あらゆる問題と向き合うことだと思います。しかし、対処方法を知らなければ、問題の大きさに負けてしまう人も、恵まれた境遇にあっても、幸せを感じることができない人もいるでしょう。

だれもが幸せになりたいと願っています。それには、自分に足りない「何か」が必要だと思っている人が多いのですが、幸せは自分の中にあります。足りない何かは、そう思っているだけで、本当はもう持っているものなのです。成功するには「自分を信じ、自分の可能性を信じること」が大切です。だれにでも、夢を実現する力、自分の中に幸せを見つける力があります。夢に向かって進み、自分の中の幸せを見つけるために、「メンタルトレーニング」を活用してください。

本書の出版にあたっては、多くの方々に支えられ励ましていただきました。メンタル面の指導者であり恩師である社会産業教育研究所の岡野嘉宏先生、千葉大学大学院修了後も指導をしてくださる上杉賢士先生、キャリア教育の重要性を示してくださった宮城まり子先生、キャリア教育の試みのきっかけをくださった築地良明さん、受験というテーマのヒントをくださった近藤義男先生をはじめ、多くの先生方や友人、家族に感謝しています。また、よりわかりやすく編集してくださいました東則孝さん、牧野希世さん本当に感謝しています。ありがとうございました。

二〇〇五年九月　加藤史子

■著者紹介
加藤史子［かとう・ふみこ］
メンタルトレーナー，社会産業教育研究所講師，千葉県中学生野球連盟特別講師。
筑波大学体育専門学群卒，千葉大学大学院教育学学校教育臨床修了。中高では新体操選手として全国大会やインターハイに，大学ではリズム体操選手として世界体操祭に出場。一般企業の勤務を経て，現在は企業内研修講師，学校内研修講師とし，子ども，親，教師へのサイコエジュケーションを行う。
著書に，『メンタルトレーニングで部活が変わる』（図書文化社，2004年）がある。ベースボールマガジン社ジュニア指導者向け雑誌「Hit & Run」に「小・中学生プレーヤーのためのメンタルトレーニング即効プログラム」隔月連載。ビデオ・DVD「野球少年・指導者のための『心を鍛える！メンタルトレーニング』」（ジャパンライム株式会社）。

メンタルトレーニングで受験に克《か》つ

2005年 9 月20日　初版第1刷発行［検印省略］
2016年 2 月20日　初版第4刷発行

著　　者　加藤史子©
発 行 人　福富　泉
発 行 所　株式会社　図書文化社
〒112-0012　東京都文京区大塚1-4-15
TEL.03-3943-2511　FAX.03-3943-2519
振替　00160-7-67697
http://www.toshobunka.co.jp/
装　　幀　株式会社　加藤文明社印刷所
イラスト　株式会社　加藤文明社印刷所
ムライタケシ
印 刷 所　株式会社　加藤文明社印刷所
製 本 所　合資会社　村上製本所

ISBN978-4-8100-5453-8　C0037

子どもたちのためのメンタルトレーニングシリーズ

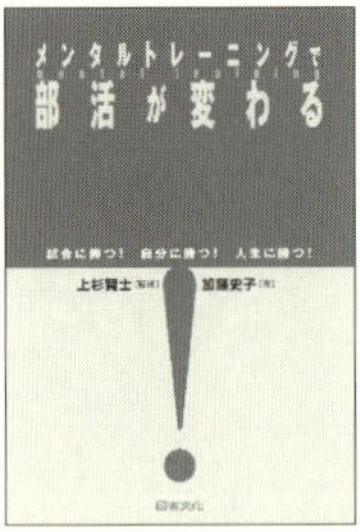

メンタルトレーニングで 部活が変わる

試合に勝つ！自分に勝つ！人生に勝つ！

上杉賢士 監修・加藤史子 著　A 5 判 120 頁●本体 1,600 円

スポーツをする子どもたちのためのメンタルトレーニング実践プログラム。１０歳ぐらいの子どもが読んでもわかりやすいように書かれています。緊張したときどうすればいいのか？モチベーションを上げたいときどうすればいいのか？気持ちはどうやって切りかえていけばいいのか？など、心と身体の状態を自分の意思で切りかえながら、なりたい自分に近づいていくための手引書です。

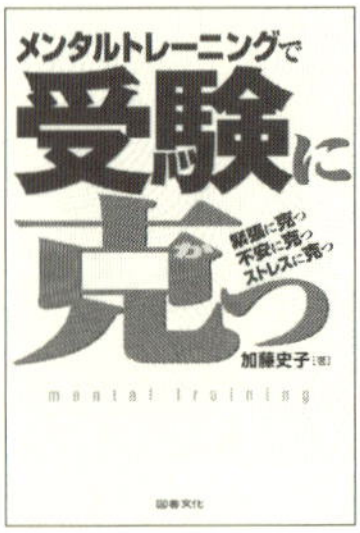

メンタルトレーニングで 受験に克つ

緊張に克つ！不安に克つ！ストレスに克つ！

加藤史子 著　A 5 判 120 頁●本体 1,200 円

受験は、子どもたちが自分の将来を考える最良のチャンスでもあります。この機会に、自分は将来どのように生きていきたいのか？受験の先にある未来は、どのような未来を望んでいるのか？受験は何のためにあるのか？勉強はなぜするのかなど、自分の中に答えを導き出しながら、前に進んでいくことができる実践プログラムを紹介します。受験の不安を乗り越えながら、心の成長を応援する１冊です。

メンタルトレーニングで いじめをなくす

教室・相談室での対処＆予防プログラム

加藤史子 著　A 5 判 176 頁●本体 1,600 円

自分が本当に実現したいと思う夢が見つかると、子どもたちはいじめなどの問題行動をしなくなります。自分が問題行動をすると、自分の夢から遠ざかるのか近づいていくかをはかる指針が自分の中にできるからです。いじめられている子どもたちも、夢を見つける援助をしていくと、いじめられたことよりも自分の夢の実現にフォーカスが移り、いじめの問題を克服していけるようになります。子どもたちのエネルギーを、夢に向かう生産的な方向に導きながら、「もっとなりたい自分」に近づけるように導いていく手引書です。問題解決能力と、気持ちの切りかえ力がつくプログラムを紹介しています。

図書文化

※本体には別途消費税がかかります